Jeder Zweifel ist eine
Aufforderung (Herausforderung) zu
einer neuen Methode.

Wer an die Vergangenheit
denkt, hat großen Kummer!

Mark Fisher

Das innere Geheimnis des Reichtums

edition Tramontane

Titel der englischen Originalausgabe:
The Instant Millionaire

Deutsche Übersetzung und Bearbeitung
von Frank M. Schilling

1. Auflage

Printed in Germany

ISBN 3-925828-21-4

Inhalt

KAPITEL 1

Worin der junge Mann einen reichen Verwandten um Rat fragt

Es war einmal ein aufgeweckter junger Mann, der wollte reich werden. Er hatte – das ließ sich nicht leugnen – schon etliche Enttäuschungen und Rückschläge erlebt, und doch glaubte er immer noch, daß er unter einem glücklichen Stern stehe.

Während er darauf wartete, daß Fortuna ihm lächelte, arbeitete er als Assistent der Geschäftsleitung in einer zweitklassigen Werbeagentur. Er wurde unangemessen bezahlt und hatte seit einiger Zeit gespürt, daß sein Job ihn wenig befriedigte, denn er war nicht mehr mit dem Herzen dabei.

Er träumte davon, etwas anderes zu tun: vielleicht einen Roman zu schreiben, der ihn reich und berühmt machen und seine finanziellen Probleme ein für allemal beenden würde. Doch war sein Ehrgeiz nicht etwas unrealistisch? Besaß er wirklich genügend Kunstfertigkeit und Talent, um einen Bestseller zu schreiben, oder würden sich die leeren Seiten nur mit den unherschweifenden Gedanken seiner inneren Trübsal füllen?

Eigentlich war sein Job nun schon seit über einem Jahr ein täglicher Alptraum für ihn gewesen. Er konnte seinen Chef nicht ausstehen, der jeden Vormittag die meiste Zeit damit verbrachte, Zeitung zu lesen und sich Notizen zu machen, bevor er zu einem dreistündigen Mittagessen verschwand. Sein Chef war außerdem Meister in der Kunst, seine Meinung zu ändern und widersprüchliche Anweisungen zu geben, was die Sache nicht gerade besser machte.

Vielleicht, wenn es nur sein Chef gewesen wäre . . . doch zu allem Unglück war er von Kollegen umgeben, die auch ihre Arbeit gründlich satt hatten. Sie schienen jede Perspektive aufgegeben und auf der ganzen Linie resigniert zu haben. Er getraute sich nicht, irgendeinem von ihnen von seiner Wunschvorstellung zu erzählen, alles hinzuschmeißen und Schriftsteller zu werden. Er wußte, daß sie es nur als Scherz betrachten würden. Er war von der Welt ebenso abgeschnitten, als wäre er in einem fremden Land, dessen Sprache er nicht beherrschte.

Jeden Montagmorgen fragte er sich, wie um alles in der Welt er noch eine weitere Woche im Büro überleben sollte. Er fühlte sich total entfremdet von den Aktenstößen, die sich auf seinem Schreibtisch auftürmten, von den Ansprüchen seiner Klienten, die unbedingt ihre Zigaretten, ihre Autos, ihr Bier verkaufen wollten ...

Vor sechs Monaten hatte er ein Kündigungsschreiben verfaßt und war damit schon dutzendmal in das Büro seines Chefs gegangen; doch während ihm der Brief in der Tasche brannte, war es ihm niemals gelungen, seine Absicht auszuführen. Seltsam, vor drei oder vier Jahren würde er nicht gezögert haben. Nun aber schien er unschlüssig zu sein, was er tun sollte. Irgend etwas, irgendeine Kraft hielt ihn zurück – oder war es schlicht und einfach Feigheit? Er schien die innere Stärke verloren zu haben, die ihm in der Vergangenheit immer das gebracht hatte, was er wollte.

Vielleicht war er zu einem ewigen Träumer geworden, weil er solange müßig gewesen und auf den rechten Zeitpunkt gewartet hatte, weil er dafür Ausreden zu finden suchte, daß er keine Initiative ergriff und hin und her überlegte, ob es ihm tatsächlich gelingen könnte. Hatte sein Gefühl von Lähmung mit der Tatsache zu tun, daß er völlig verschuldet war? Oder wurde er etwa langsam alt (ein Vorgang, der unweigerlich in dem Augenblick einsetzt, wenn wir unseren Glauben an die Zukunft aufgegeben haben)?

Er hatte, ehrlich gesagt, keine Ahnung, wo das Problem lag. Eines Tages dann, als er sich besonders frustriert fühlte, fiel ihm plötzlich sein Onkel ein, der zufällig Millionär war.

Dieser Onkel könnte ihm doch vielleicht einen Rat oder – besser noch – etwas Geld geben.

Sein Onkel, der als warmherziger, freundlicher Mensch bekannt war, erklärte sich sofort bereit dazu, ihn zu sehen, lehnte es jedoch ab, ihm Geld zu leihen mit der Erklärung, daß er ihm damit keinen Gefallen erweise.

»Wie alt bist du?« fragte er, nachdem er sich seine Leidensgeschichte angehört hatte.

»Zweiunddreißig«, wisperte der junge Mann verlegen, denn er wußte ganz genau, daß die Frage seines Onkels einen Vorwurf enthielt.

»Weißt du, daß John Paul Getty, als er dreiundzwanzig war, bereits seine erste Million verdient hatte? Und als ich so alt war wie du, besaß ich eine halbe Million. Wie um alles in der Welt kommt es dann, daß du dir in deinem Alter Geld leihen mußt?«

»Da kann ich nicht mithalten. Ich arbeite wie ein Tier, manchmal mehr als fünfzig Stunden in der Woche . . .«

»Glaubst du denn wirklich, daß man durch harte Arbeit reich wird?«

»I-ich nehme es an . . . wie dem auch sei, ich hatte jedenfalls immer Anlaß, das zu glauben.«

»Wieviel verdienst du im Jahr – 30.000 Mark?«

»Ja, ungefähr«, entgegnete der junge Mann.

»Glaubst du denn, daß jemand, der 300.000 Mark verdient, zehnmal so viele Stunden wie du in der Woche arbeitet? Offenbar nicht! Das wäre schon physisch unmöglich – denn eine Woche hat einfach nicht mehr als 168 Stunden. Wenn der Betreffende also zehnmal soviel wie du verdient, ohne mehr als du zu arbeiten, dann muß er etwas ganz anderes als du tun und ein Geheimnis haben, wovon du keine Ahnung hast.«

»Das muß wohl so sein.«

»Du kannst dich glücklich schätzen, daß du wenigstens das verstehst. Die meisten Menschen kommen nicht einmal so weit. Sie sind viel zu sehr damit beschäftigt, ihren Lebensunterhalt zu verdienen, als einmal innezuhalten und darüber nachzudenken, wie sie ihre Geldprobleme loswerden könnten. Die meisten Menschen verwenden nicht einmal eine einzige Stunde darauf, daß sie herauszufinden suchen, wie sie reich werden könnten und warum ihnen dies niemals gelungen ist.«

Der junge Mann mußte zugeben, daß auch er sich, trotz seines brennenden Ehrgeizes und seines Traumes, sein Glück zu machen, niemals die Zeit genommen hatte, seine Situation wirklich genau zu überdenken. Alles schien ihn abzulenken und daran zu hindern, sich dieser Aufgabe zu stellen, die offensichtlich von grundlegender Bedeutung war.

Der Onkel des jungen Mannes schwieg eine Weile. Dann blickte er seinem Neffen direkt in die Augen, und seine Lippen verzogen sich zu einem milden, doch ironischen Lächeln. »Hör zu, ich habe beschlossen, dir zu helfen. Ich werde dich zu dem Mann schicken, der mir geholfen hat, reich zu werden. Er wird der ‚*Instant*-Millionär' genannt. Vielleicht hast du schon von ihm gehört.«

»Nein, noch nie«, erwiderte der junge Mann.

»Er hat sich diesen Namen selbst gewählt, weil er behauptet, über Nacht zum Millionär geworden zu sein, nachdem er das wahre Geheimnis entdeckt hatte, sich ein Vermögen zu erwerben. Er behauptet, daß er jedem dabei helfen kann, über Nacht Millionär zu werden – oder zumindest die Mentalität eines Millionärs anzunehmen. Aber sag mir – möchtest du wirklich reicht werden?«

»Mehr als alles andere auf der Welt!«

»Das ist die erste Voraussetzung. Die wichtigste. Doch sie reicht nicht aus. Du mußt auch wissen *wie*.«

Der junge Mann zuckte leicht die Achseln.

Dann sprach sein Onkel weiter: »Der *Instant*-Millionär lebt in F . . . Weißt du, wo das ist?«

»Ja, aber ich bin noch nie dort gewesen.«

»Warum probierst du es nicht einmal aus und gehst zu ihm? Er könnte sein Geheimnis doch auch dir verraten. Er wohnt in einem phantastischen Haus. Es dürfte dir nicht schwerfallen, es zu finden.«

»Warum sagst du mir denn bloß nicht selbst das Geheimnis hier und jetzt? Dann müßte ich mir nicht die Mühe machen, dort hinzugehen.«

»Einfach deshalb, weil ich nicht das Recht dazu habe. Als der *Instant*-Millionär es mir anvertraute, ließ er mich als erstes schwören, es nie einem anderem weiterzuerzählen. Aber er sagte mir auch, daß ich jedem erzählen könnte, woher ich es bekommen habe.«

Dies alles erschien dem jungen Mann gleichzeitig überraschend und kompliziert. Doch es hatte seine Neugier geweckt.

»Kannst du mir wirklich nichts darüber sagen?«

»Mit absoluter Sicherheit. Ich kann dir lediglich eine Empfehlung für den *Instant*-Millionär mitgeben.«

Ohne weitere Umstände zog der Onkel ein Blatt elegantes Schreibpapier aus einer Schublade seines massiven Eichenschreibtischs, ergriff einen Füllfederhalter und kritzelte eilig ein paar Zeilen darauf. Dann faltete er den Brief und steckte ihn in einem Umschlag, den er versiegelte und seinem Neffen lächelnd aushändigte.

»Hier ist dein Empfehlungsschreiben«, sagte er. »Und hier ist die Adresse des Millionärs. Als letztes mußt du noch versprechen, diesen Brief nicht zu lesen. Wenn du es doch tust, wird er wahrscheinlich keinerlei Nutzen mehr für dich haben . . . Wenn du ihn aber, ungeachtet meiner Warnung, öffnen solltest und ihn trotzdem noch für dich verwenden willst, dann mußt du vortäuschen, daß du ihn nicht geöffnet hast. Aber wie kannst du etwas ungeschehen machen wollen, was bereits geschehen ist?«

Der junge Mann hatte nicht die leiseste Ahnung, wovon

sein Onkel sprach, ließ es jedoch dabei bewenden. Sein Onkel hatte schon immer in dem Ruf gestanden, etwas exzentrisch zu sein. Und schließlich tat der Mann ihm einen Gefallen – darum beschloß er, nicht weiter nachzuhaken. Er bedankte sich bei seinem Onkel und ging.

KAPITEL 2

Worin der junge Mann einem älteren Gärtner begegnet

Noch am gleichen Nachmittag machte sich der junge Mann auf nach F ... Wie schwierig würde es sein, den *Instant*-Millionär zu treffen? Würde er seinen unangemeldeten Besucher empfangen und ihm seine geheime Methode verraten, wie man reich wird?

Kurz vor dem Haus des Millionärs wurde der junge Mann von seiner Neugier überwältigt und öffnete, trotz der warnenden Worte seines Onkels, das Empfehlungsschreiben, das jener ihm so freundlich ausgestellt hatte. Bestürzt fragte er sich, ob ein Fehler passiert sei oder ob sein Onkel ihm einen Streich spielen wollte – denn der »Brief« bestand nur aus einem leeren Blatt Papier!

Ärgerlich wollte er es gerade fortwerfen, doch jetzt befand er sich schon in Sichtweite des Hauses und bemerkte einen Sicherheitswächter, der ihn bestimmt dabei beobachtet hätte. Wie es sein Typus verlangte, war sein Gesichtsausdruck unbeweglich, ohne jeden Anflug eines Lächelns. Er sah in der Tat ebenso uneinnehmbar aus wie die verschlossene »Festung«, die er zu schützen hatte.

»Was kann ich für Sie tun?« fragte der Wächter teilnahmslos.

»Ich möchte gerne den *Instant*-Millionär sprechen ...«

»Haben Sie eine Verabredung getroffen?«

»Nein, aber ...«

»Nun denn, haben Sie ein Empfehlungsschreiben?« fragte der Wächter.

Natürlich hatte er eines, aber es war ein unbeschriebenes Blatt! Schnell dachte sich der junge Mann einen Trick aus, womit er die Situation vielleicht retten könnte. Er zog den

Brief halb aus seiner Tasche und stopfte ihn rasch wieder zurück. Doch damit gab sich der Wächter nicht zufrieden.

»Kann ich bitte den Brief sehen?«

Nun saß der junge Mann in der Klemme und dachte: ‚Wenn ich ihm den Brief gebe, wird er glauben, daß ich ihm ein Schnippchen schlagen will. Wenn ich es aber nicht tue, dann wird er mich nicht hereinlassen.' Er stand vor einem scheinbar unüberwindlichen Dilemma.

Dann erinnerte er sich an den Ratschlag seines Onkels, den er in jenem Augenblick nicht verstanden hatte: ‚Wenn du den Brief öffnest, mußt du vortäuschen, daß du ihn nicht geöffnet hast'. Blieb ihm noch etwas anders übrig? Er händigte den Brief dem Wächter aus, der ihn sozusagen las. Sein Gesicht blieb völlig ausdruckslos.

»Gut«, sagte er dann und gab dem jungen Mann den Brief zurück. »Sie können hereinkommen.«

Der Wächter führte ihn zum Haupteingang des luxuriösen Hauses im Tudor-Stil. Ein makellos gekleideter Butler öffnete die Tür.

»Was möchten Sie?« fragte er.

»Ich möchte den *Instant*-Millionär sprechen.«

»Er ist beschäftigt und kann Sie im Augenblick nicht empfangen. Bitte warten Sie im Garten auf ihn.«

Dann begleitete der Butler den jungen Mann zur Schwelle eines Gartens, der viel mehr wie ein Park aussah. Der junge Mann ging etwas spazieren und bewunderte die herrlichen Bäume. Da erblickte er einen Gärtner, der seinem Aussehen nach mindestens siebzig Jahre war. Er war über einen Rosenstock gebeugt, den er gerade beschnitt, und ein breitkrempiger Strohhut verbarg seine Augen. Als der junge Mann sich ihm näherte, unterbrach der Gärtner seine Arbeit, um ihn zu begrüßen. Er lächelte. Seine strahlendblauen, heiteren Augen waren so alterslos wie die Sonne.

»Weshalb bist du hierhergekommen?« fragte er mit warmer, freundlicher Stimme.

»Ich möchte den *Instant*-Millionär sprechen.«
»Ach so. Und weshalb, wenn ich fragen darf?«
»Nun, ich ... ich möchte ihn einfach gern um Rat fragen ...«
»Natürlich ...«
Der Gärtner wollte sich schon wieder seinen Rosen zuwenden, doch dann besann er sich eines Besseren und fragte den jungen Mann: »Ach, übrigens, du hast nicht zufällig einen Zwanzigmarkschein bei dir?«
»Einen Zwanzigmarkschein?« rief der junge Mann und wurde rot. »Es ist nur, daß ... mehr habe ich nicht bei mir, gerade 20 Mark.«
»Bestens. Mehr brauche ich nicht.«
Obwohl der Gärtner zu betteln schien, sah er immer noch sehr würdevoll aus. Sein Verhalten strahlte einen ganz ungewöhnlichen Liebreiz und Charme aus.
»Ich würde es Ihnen wirklich gerne geben«, erwiderte der junge Mann, »doch das einzige Problem ist, daß ich dann kein Geld mehr übrig habe, um nach Hause zu kommen.«
»Hast du denn vor, heute noch nach Hause zurückzukehren?«
»N-n-nein ... das heißt, ich habe keine Ahnung«, sagte der junge Mann, der jetzt reichlich verwirrt war. »Ich möchte nicht fortgehen, ehe ich mit dem *Instant*-Millionär gesprochen habe.«
»Aber wenn du dieses Geld heute nicht mehr brauchst, warum zögerst du dann so, es mir zu leihen? Du könntest es auch morgen nicht brauchen. Wer weiß ...? Du könntest ja Millionär sein.«
Diese Beweisführung hörte sich für den jungen Mann nicht gerade logisch an, doch es fehlte ihm an Überzeugungskraft, noch weitere Argumente vorzubringen. Als der Gärtner seine Bitte wiederholte, händigte er ihm daher das Geld aus.
Der Gärtner lachte über das ganze Gesicht. »Die meisten

Menschen scheuen sich davor, um etwas zu bitten, und wenn sie es schließlich doch tun, dann sind sie nicht beharrlich genug. Das ist ein Fehler.«

In diesem Augenblick erschien der Butler im Garten und sprach den alten Mann in einem sehr respektvollen Tonfall an: »Sir, könnten Sie mir bitte 20 Mark geben? Der Koch verläßt uns heute und besteht darauf, ganz ausgezahlt zu werden. Mir fehlen genau 20 Mark.«

Der Gärtner lächelte. Er steckte seine Hand in die Tasche und holte ein dickes Bündel Banknoten hervor. Nach den Fünfzig- und Hundertmarkscheinen zu urteilen, die der junge Mann erspähte, mußte er Tausende von Mark haben. Der Gärtner zog den Zwanzigmarkschein heraus, den ihm der junge Mann so widerstrebend gegeben hatte, und reichte ihn dem Butler, der sich bedankte, sich irgendwie dienstbeflissen verneigte und rasch im Haus verschwand.

Der junge Mann war empört. Wie konnte der Gärtner die Unverschämtheit besitzen, ihm seine letzten 20 Mark abzunehmen, wenn seine Taschen vollgestopft mit Geld waren?

»Warum wollten Sie 20 Mark von mir haben?« stieß er hervor und versuchte so gut er konnte, seine Wut zu verbergen. »Sie haben sie nicht gebraucht!«

»Aber natürlich habe ich das. Sieh mal, ich habe keinen einzigen Zwanzigmarkschein«, erklärte der Gärtner und fuhr mit seinem Daumen durch das dicke Geldbündel. »Du denkst doch sicher nicht, daß ich ihm einen Hundertmarkschein hätte geben sollen, oder?«

»Warum um alles in der Welt tragen Sie soviel Geld mit sich herum?«

»Das ist mein Taschengeld«, antwortete der Gärtner. »Ich habe immer 10.000 Mark für den Notfall bei mir.«

»10.000 Mark?« entfuhr es dem jungen Mann. Doch dann wurde ihm plötzlich alles klar: der superhöfliche Butler, die unglaubliche Summe Taschengeld . . .

»Sie sind der *Instant*-Millionär, nicht war?«

»Im Augenblick ja«, entgegnete der Gärtner. »Ich freue mich, daß du gekommen bist. Aber sag mir, wer hat dich hierher geschickt?«

»Mein Onkel, Hans Glückler.«

»Ach ja, ich erinnere mich jetzt. Er hat mich vor vielen Jahren aufgesucht. Er war ein sehr origineller Kopf – wie jeder Selfmademan in der Tat. Aber sag mir, wie kommt es denn, daß du selbst noch nicht reich bist? Hast du dir schon jemals ernsthaft diese Frage gestellt?«

»Eigentlich nicht.«

»Das solltest du vielleicht als allererstes tun. Wenn du willst, dann denke laut in meiner Gegenwart nach. Ich will versuchen, deiner Beweisführung zu folgen.«

Der junge Mann machte einige schwache Anläufe und gab dann auf.

»Ich verstehe«, sagte der Millionär. »Du bist es nicht gewohnt, laut zu denken. Weißt du, daß es viele junge Leute in deinem Alter gibt, die schon reich sind? Manche sind sogar schon Millionäre oder stehen kurz davor. Und weißt du auch, daß Aristoteles Onassis mit sechsundzwanzig bereits mehr als 700.000 Mark auf der Bank hatte, als er von Südamerika nach England kam und davon träumte, ein großer Reeder zu werden?

»Erst sechsundzwanzig?«

»So ist es. Und als er anfing, besaß er selbst nur 500 Mark. Er hatte weder einen Universitätsabschluß noch irgendwelche Fachkenntnisse – und ganz bestimmt hatte er keinerlei Beziehungen . . .

Doch jetzt ist es Zeit zum Abendessen«, bemerkte der alte Mann. »Möchtest du mir dabei Gesellschaft leisten?«

»Danke sehr. Das würde ich sehr gern.«

Der junge Mann folgte dem *Instant*-Millionär, der trotz seines Alters noch einen federnden Gang hatte. Sie gingen in das Eßzimmer, wo der Tisch bereits für zwei gedeckt war.

»Bitte setz dich«, forderte der *Instant*-Millionär den jungen Mann freundlich auf und wies dabei auf den Platz am Kopfende des Tisches, der gewöhnlich dem Gastgeber vorbehalten ist. Er setzte sich rechts neben seinen jungen Gast, direkt vor ein wunderschönes Stundenglas, in das der abgedroschene Sinnspruch *Zeit ist Geld* eingraviert war. Der Butler brachte eine Flasche Wein und füllte ihre Gläser.

»Laß uns auf deine erste Million trinken«, sagte der Millionär und hob sein Glas.

Er nahm einen kleinen Schluck, mehr trank er den ganzen Abend nicht. Er aß auch sehr bescheiden – nur ein paar Mundvoll von einem köstlichen Lachsfilet.

»Gefällt dir die Arbeit, womit du deinen Lebensunterhalt verdienst?« fragte der Millionär den jungen Mann.

»Ich nehme es an.«

»Überzeuge dich, daß du dir dessen absolut sicher bist. Alle Millionäre, die ich kennengelernt habe – und ich bin im Lauf der Jahre einer ganzen Reihe begegnet – haben ihren Beruf geliebt. Arbeit wurde für sie fast zu einer Freizeitaktivität, genauso angenehm wie ein Hobby. Deshalb machen die meisten reichen Leute auch kaum Ferien. Sie würden sich ja selbst bestrafen, wenn sie sich ihrer Lieblingsbeschäftigung beraubten. Und deshalb arbeiten sie auch immer weiter, selbst wenn sie schon mehrfache Millionäre geworden sind . . . Übrigens, obwohl die Freude an deiner Arbeit ein absolutes Muß ist, reicht das nicht aus. Um reich zu werden, mußt du das Geheimnis kennen. Sag mir, glaubst du wenigstens daran, daß ein solches Geheimnis existiert?«

»Ja, das tu ich.«

»Gut. Das ist der erste Schritt. Die meisten Menschen glauben nämlich nicht daran. Außerdem glauben sie nicht einmal daran, daß sie reich werden können. Und sie haben recht. Wer nicht denkt, daß es möglich ist, wird es auch selten genug. Du mußt zuerst daran glauben, daß du es kannst, und es dir dann intensiv wünschen. Doch ich sollte hinzufügen, daß viele Menschen – in der Tat die allermeisten –

nicht bereit sind, dieses Geheimnis zu akzeptieren, selbst wenn es ihnen in sehr einfachen Worten verraten wird. Tatsächlich liegt ihre größte Beschränkung in ihrem eigenen Mangel an Vorstellungskraft. Im Grunde ist deshalb das wahre Geheimnis des Reichtums das bestgehütete Geheimnis auf der Welt.

Es verhält sich damit etwa so wie mit dem entwendeten Brief in Edgar Allen Poe's Geschichte«, fuhr der *Instant*-Millionär fort. »Erinnerst du dich? Es geht um einen Brief, nach dem die Polizei in einem Haus suchte und den sie niemals finden konnte, denn anstatt irgendwo versteckt zu sein, lag er an einer Stelle, die am wenigsten vermutet wurde – auf den ersten Blick zu sehen! Diese Geschichte veranschaulicht auf kluge Weise einen von Emerson's Grundsätzen. Die Polizei wurde daran gehindert, den Brief zu finden, durch ihren Mangel an Vorstellungskraft oder, wenn du es lieber anders ausdrückst, durch ihre vorgefaßten Meinungen. Da sie den Brief nicht an dieser Stelle vermuteten, ist er ihnen auch nie in die Hände gefallen.«

Der junge Mann hörte dem Millionär mit gespannter Aufmerksamkeit zu. Noch nie zuvor hatte jemand so zu ihm gesprochen, und seine Wißbegierde war gründlich geweckt. Er brannte darauf, das Geheimnis zu erfahren. Auf jeden Fall stand eine Sache fest: Selbst wenn der Millionär in Wirklichkeit gar kein Geheimnis besaß, dann war er zweifellos ein Genie in der Kunst, eine solche Szenerie aufzubauen. Vor allem wußte er Dinge klar und einfach zu erklären, auch wenn es sich dabei nur um eine geschickt ausgedachte Illusion handelte.

KAPITEL 3

Worin der junge Mann lernt, Gelegenheiten beim Schopf zu fassen und Risiken einzugehen

Nach allem, was du nun gehört hast,wieviel Geld bist du bereit zu zahlen, um das Geheimnis des Reichtums zu erfahren?«

Diese Frage des Millionärs kam für den jungen Mann überraschend. »Selbst wenn ich dazu bereit *wäre*, Geld dafür auszugeben, so besitze ich doch keinen einzigen Pfennig. Daher läßt sich diese Frage schwer beantworten.«

»Aber *wenn* du Geld hättest, wieviel würdest du dann dafür bezahlen wollen?« fragte der Millionär und fügte noch rasch hinzu: »Nenne irgendeine Zahl. Die erste, die dir in den Sinn kommt.«

Jetzt konnte der junge Mann der Frage unmöglich noch ausweichen. Sein Gastgeber erwartete eine klare Antwort, und er durfte ihn nicht enttäuschen.

Ich weiß es nicht«, erwiderte er. »100 Mark . . .?«

Der Millionär brach in schallendes Gelächter aus, das der junge Mann zum erstenmal bei ihm hörte. Es war ein ganz besonderes kristallklares Lachen.

»Nur 100 Mark? Du glaubst wohl in Wirklichkeit nicht daran, daß es existiert, oder? Denn sonst wärst du gewiß bereit, weitaus mehr dafür zu bezahlen. Na los – ich will dir noch eine zweite Chance geben. Nenne eine andere Zahl – das ist kein Spiel, sondern eine ganze ernste Angelegenheit.«

Der junge Mann begann zu überlegen. Er würde alles tun, um den Millionär nicht noch einmal zum Lachen zu bringen, doch er wollte auch keine Zahl nennen, die ihn selbst gefährden könnte.

»Ich habe nichts dagegen, bei Ihrem kleinen Spiel mitzumachen«, sagte er. »Aber denken Sie daran, ich bin völlig pleite.«

»Mach dir deshalb keine Sorgen.«

»Aber wenn ich doch kein Geld habe, dann sind mir die Hände gebunden«, widersprach der junge Mann mit leichter Verwirrung.

»Du meine Güte!« rief der Millionär aus. »Wir haben noch eine Menge vor uns! Seit ewigen Zeiten haben die Reichen immer das Geld von anderen verwendet, um ein Vermögen anzusammeln. Kein wirklich ernsthafter Mensch hat jemals Geld gebraucht, um Geld zu verdienen. Damit meine ich persönliches Bargeld. Außerdem mußt du doch ein Scheckheft bei dir haben . . .«

Dies hätte der jungen Mann am liebsten geleugnet, doch dummerweise hatte er sich ausgerechnet an diesem Morgen sein Scheckheft in die Tasche gesteckt. Weiß Gott warum, denn er hatte noch genau 8,82 Mark auf seinem Konto – damit konnte er gewiß nicht auf die Pauke hauen! Der junge Mann hätte ohne Bedenken gelogen, doch der Millionär hatte einen derart durchdringenden Blick und schien die winzigsten Schlupfwinkel seines Geistes erforschen zu können. Fast so, als würde er ein tiefes, dunkles Geheimnis beichten, hörte er sich selbst stammeln: »J-ja, ich h-habe es bei mir.«

Und im selben Augenblick sah er sich schon sein Scheckheft wie automatisch aus der Tasche ziehen, auch wenn er ein flüchtiges Gefühl der Auflehnung in sich verspürt hatte. Er fühlte sich fast wie unter einem hypnotischen Bann. Und doch hatte er keine Angst vor dem Millionär, der Wohlwollen ausstrahlte – selbst wenn sein Verhalten etwas ironisch wirkte.

»So ist es recht«, sagte der Millionär. »Siehst du *jetzt*, daß es kein Problem gibt?«

Und damit entfernte er die Kappe von einem eleganten Füllfederhalter und reichte diesen dem jungen Mann. »Stelle den Scheck über den Betrag aus, an den du gedacht hast, und unterschreibe ihn.«

»Aber ich weiß nicht, wieviel ich schreiben soll.«

»Schon gut. Schreib, sagen wir einmal ... 10.000 Mark.«

Der Millionär sprach diese Zahl ganz freimütig, ohne jede Spur von Arroganz aus. Der junge Mann dagegen fuhr fast aus der Haut. Es gab keinen Zweifel: Der Millionär machte sich lustig über ihn ... es sei denn, daß er einfach ein glänzender Betrüger war!

»10.000 Mark!« rief der junge Mann aus. »Sie scherzen wohl.«

»Schreib 20.000 Mark hin, wenn du magst«, entgegnete der Millionär so gelassen, daß der junge Mann nicht mehr wußte, ob er es im Ernst oder im Spaß sagte.

»Selbst 10.000 Mark scheint eine viel zu hohe Summe zu sein. Wie dem auch sei, Sie könnten den Scheck gar nicht einlösen, weil er platzen würde. Es würde mir nichts anderes einbringen, als daß ein verärgerter Bankdirektor sich fragen würde, ob ich wohl verrückt geworden sei – und er hätte recht!«

»Auf genau dieselbe Weise habe ich mein größtes Geschäft überhaupt gemacht. Ich unterschrieb einen Scheck über 100.000 Mark und mußte dann herumhechten, um das Geld für seine Deckung aufzutreiben. Doch wenn ich diesen Scheck nicht sofort ausgestellt hätte, dann hätte ich mir eine ausgezeichnete Gelegenheit entgehen lassen.

Das war eine meiner ersten Hauptlektionen im Geschäftsleben«, fuhr er fort. »Leute, die ihre Zeit mit Warten darauf vergeuden, daß alle Idealbedingungen zusammentreffen, werden es nie zu etwas bringen. Die beste Zeit zum Handeln ist *jetzt!* Diese kleine Anekdote kann dir auch noch die folgende Lektion erteilen: Wenn du im Leben Erfolg haben willst, dann mußt du sicherstellen, daß du keine andere Wahl hast. Du mußt mit dem Rücken an der Wand stehen. Leute, die unentschlossen sind und sich weigern, Risiken einzugehen unter dem Vorwand, daß sie noch nicht alles unter Kontrolle hätten, werden nie etwas erreichen. Der

Grund dafür ist einfach: Wenn du alle Ausgänge abschneidest und mit dem Rücken an der Wand stehst, dann mobilisierst du all deine inneren Kräfte und wünschst dir mit jeder Faser deines Wesens, daß etwas passiert. Warum zögerst du also jetzt, junger Mann? Stelle dich mit dem Rücken an die Wand und schreibe mir diesen Scheck über 10.000 Mark aus.«

Der junge Mann füllte den Scheck aus und setzte zuerst langsam die Zahlen, dann die Buchstaben ein. Doch als er schließlich hätte unterschreiben müssen, brachte er es einfach nicht fertig.

»Ich habe in meinem ganzen Leben noch nie einen Scheck über eine so hohe Summe ausgestellt.«

»Wenn du Millionär werden willst, dann mußt du irgendwann einmal damit beginnen. Du wirst dich daran gewöhnen müssen, Schecks mit noch viel höheren Summen zu unterschreiben. Das ist nur der Anfang.«

Trotzdem konnte der junge Mann nicht sofort seine Unterschrift darunter setzen. Alles ging so schnell. Er war gerade im Begriff, einen Scheck über 10.000 Mark einem Mann auszuhändigen, den er zum allerersten Mal getroffen hatte und der ihm im Gegenzug dafür ein ziemlich dubioses Geheimnis versprach.

»Was hält dich davon ab, zu unterschreiben?« fragte der Millionär. »Alles unter der Sonne ist relativ. Es wird nicht lange dauern, und dieser Betrag wird dir unerheblich erscheinen.«

»Es ist nicht der Betrag«, murmelte der junge Mann, der zu diesem Zeitpunkt kaum noch wußte, was er sagen sollte.

»Nun, was ist es denn?«

Er wollte gerade antworten, als der Millionär ihn unterbrach. »Ich weiß, warum du nicht unterschreiben kannst. Du glaubst nicht wirklich daran, daß mein Geheimnis dich zum Millionär machen wird. Wenn du absolut davon überzeugt wärst, dann würdest du im Handumdrehen unterschreiben.«

Sicherlich, um ihn zu überzeugen, oder vielmehr, um seinen Standpunkt noch deutlicher zu machen, fügte der Millionär hinzu: »Wenn du dir ganz und gar sicher wärst, daß dieses Geheimnis dir dabei helfen würde, 50.000 Mark in weniger als einem Jahr zu verdienen, ohne daß du härter arbeiten müßtest, als du es jetzt tust – und sogar mit weniger Arbeit –, würdest du dann diesen Scheck unterschreiben?«

»Ganz bestimmt würde ich das tun«, mußte der junge Mann zugeben. »Ich würde dabei ja einen Gewinn von 40.000 Mark machen.«

»Dann unterschreibe ihn. Ich garantiere dir in aller Form, daß du diesen Betrag verdienen wirst.«

»Wären Sie bereit, mir das schriftlich zu geben?«

Wieder brach der Millionär in Gelächter aus. »Du gefällst mir, junger Mann. Du bist dazu entschlossen, deinen Rücken zu schützen. Das ist oft ein sehr kluges Verhalten. Selbst wenn du dir deiner Mittel absolut sicher bist, heißt das nicht, daß du dem erstbesten vertrauen solltest, der dir über den Weg läuft.«

Damit stand er auf, kramte in einer Schublade herum und zog ein gebrauchsfertiges Formular daraus hervor, das er schon unter ähnlichen Umständen benutzt haben mußte. Das kam bei dem jungen Mann nicht besonders gut an. Machte der alte Mann eine Serienproduktion aus seinem Geheimnis und verkaufte es an Hinz und Kunz?

Der Millionär schrieb die Garantieerklärung aus und reichte sie dem jungen Mann, der sie rasch überflog und mit dem, was er las, zufrieden schien. Dann überlegte der alte Mann es sich plötzlich anders.

»Ich habe eine neue Idee«, meinte er. »Wie wäre es mit einer Wette?«

Er holte eine Münze aus seiner Tasche und ließ sie in der Hand auf und ab hüpfen.

»Laß uns Kopf oder Zahl spielen. Wenn ich verliere, werde ich dir die 10.000 Mark in bar geben, die ich in der Tasche habe. Wenn ich gewinne, gibst du mir den Scheck. In jedem der beiden Fälle wollen wir auf die Garantieerklärung verzichten.«

Der junge Mann brauchte eine Minute, um über diesen höchst ungewöhnlichen Vorschlag nachzudenken. Es war keine schlechte Idee. Sie war so reizvoll, daß er sich wunderte, warum zum Teufel der alte Mann überhaupt diesen Vorschlag machte. Sie schien zu gut, um ehrlich zu sein.

»Das einzige Problem dabei ist«, sagte er, »daß ich nur Kleingeld auf der Bank habe. Selbst wenn ich Ihnen diesen Scheck gebe, werden Sie ihn nicht einlösen können.«

»Kein Problem«, meinte der Millionär. »Ich habe es nicht eilig. Ich will sogar damit warten, bis ich dich das nächste Mal sehe. Warum datierst du den Scheck nicht auf den Tag um ein Jahr voraus?«

»Abgemacht. Unter diesen Bedingungen nehme ich die Wette an.«

Er hatte sich jetzt ausgerechnet, daß er auf jeden Fall ein volles Jahr Zeit hatte, um die Bank zu wechseln, sein Konto aufzulösen oder den Scheck einfach sperren zu lassen. Daran hätte er schon vorher denken sollen. Er hatte nichts zu verlieren. Und mit dem neuen Angebot des Millionärs konnte er sogar in wenigen Sekunden mal eben 10.000 Mark verdienen, ohne auch nur einen Finger krumm zu machen!

Gegen seinen Willen huschte ein selbstzufriedenes Lächeln über seine Lippen. Schuldbewußt hoffte er, daß es der Millionär nicht bemerkt hatte, aber freilich war er ein ziemlich wachsamer Mensch. Schwer zu sagen. Genau in diesem Moment brachte der Millionär eine kleine Ergänzung vor, welche die Zweifel des jungen Mannes unmittelbar bestärkte.

»Nur noch eine Sache. Für den Fall, daß du die Wette verlierst, möchte ich, daß du dich feierlich dazu verpflichtest, diesen Scheck einzulösen.«

Der junge Mann wurde rot. Dieser alte Mann ist listiger als

ein Fuchs, dachte er. Der Millionär schien in seinen Gedanken wie in einem offenen Buch lesen zu können. Der junge Mann gab ihm sein Ehrenwort, doch gerade, als der Millionär die Münze hochwerfen wollte, unterbrach er ihn abrupt und fragte:

»Darf ich bitte die Münze sehen?«

Der Millionär lächelte. »Aber selbstverständlich. Du gefällst mir wirklich, junger Mann. Du bist vorsichtig. Das wird dir helfen, eine Menge Fehler zu vermeiden. Aber achte darauf, daß es dich nicht dazu veranlaßt, eine Menge an guten Gelegenheiten zu verpassen.«

Dann reichte ihm der Millionär sehr freundlich die Münze. Sobald der junge Mann sorgfältig beide Seiten untersucht hatte, forderte der Millionär ihn dazu auf, seine Wahl zu treffen.

»Zahl«, entgegnete er.

Der *Instant*-Millionär warf die Münze hoch. Das Herz des jungen Mannes begann so wild wie bei seinem ersten Rendezvous zu klopfen! Zum erstenmal in seinem Leben hatte er die Chance, 10.000 Mark zu gewinnen – schließlich kein Betrag, der zu verachten war! Während er beobachtete, wie sich die Münze in der Luft drehte, wuchs seine Unruhe zusehends. Sie rollte auf dem Tisch weiter und lag schließlich still.

»Kopf!« entschied der Millionär fröhlich, fügte jedoch rasch ein mitfühlendes »Es tut mir leid« hinzu. Es war schwer zu sagen, ob er es ehrlich meinte oder einfach nur höflich war.

Da beschloß der junge Mann, den Scheck zu unterschreiben, doch er konnte es nicht verhindern, daß er dabei ein wenig zitterte. Wahrscheinlich würde er sich daran gewöhnen, eines Tages Schecks über solche hohen Summen zu unterschreiben, doch zu diesem Zeitpunkt hatte er in der Tat ein sehr seltsames Gefühl dabei. Er gab den Scheck dem Millionär, der ihn kurz überprüfte, faltete und in die Tasche steckte.

»Kann ich jetzt das Geheimnis erfahren?« fragte der junge Mann.

»Aber natürlich«, erwiderte der Millionär. »Hast du Papier bei dir? Ich werde es für dich aufschreiben. Auf diese Weise wirst du es nicht vergessen.«

Es fiel dem jungen Mann sehr schwer, seine Worte zu begreifen. Der Millionär konnte doch bestimmt nicht erwarten, daß das ganze Geheimnis auf ein einziges Blatt Papier passen würde – zumal ein Geheimnis, das er gerade für 10.000 Mark gekauft hatte!

»Leider habe ich kein Papier bei mir.«

Wieder schlug ihm das Herz höher, als der Millionär ihn fragte: »Aber hast du nicht ein Empfehlungsschreiben mitgebracht, als du hier angekommen bist? Die Leute, die dein Onkel im Laufe der Jahre zu mir schickte, hatten immer einen Brief dabei.«

Der junge Mann trug den Brief noch bei sich. Er holte ihn aus der Tasche mit dem Gedanken, daß der alte Mann zweifellos keinen einzigen Trick ausließ. Er händigte ihn aus und beobachtete dabei das Gesicht des Millionärs, als dieser ihn öffnete. Doch der schien überhaupt nicht erstaunt zu sein, als er das völlig leere Blatt sah. Er nahm seinen Füllfederhalter, beugte sich über den Tisch und wollte gerade etwas aufschreiben, als er den Kopf hob und den jungen Mann darum bat, den Butler zu holen.

»Du wirst ihn in der Küche antreffen, am anderen Ende des Korridors dort drüben«, erklärte er ihm.

Als der junge Mann mit dem Butler zurückkehrte, versiegelte der Millionär gerade den Umschlag. Er lächelte und schien mit sich selbst zufrieden zu sein.

»Unser junger Gast wird die Nacht hier verbringen«, sagte er zu dem Butler. »Würden Sie ihn bitte in sein Zimmer bringen?« Dann wandte er sich dem jungen Mann zu und sagte: »Hier ist das Geheimnis.« Er stand auf, überreichte ihm den Umschlag und schüttelte ihm feierlich die Hand, so als hätte er gerade eines der wichtigsten Geschäfte in seinem ganzen Leben abgeschlossen.

»Das einzige, worum ich dich noch bitten muß, ist, daß du wartest, bis du allein in deinem Zimmer bist, bevor du den Umschlag öffnest und das Geheimnis liest ... Oh, es gibt noch eine weitere Bedingung. Bevor du lesen darfst, was ich aufgeschrieben habe, mußt du mir versprechen, einen Teil deines Lebens darauf zu verwenden, dieses Geheimnis mit anderen zu teilen, die weniger Glück haben als du. Wenn du damit einverstanden bist, wirst du der letzte sein, dem ich jemals das Geheimnis unmittelbar weitergeben werde. Meine Arbeit wird beendet sein, und dann werde ich mich in einem viel größeren Garten um meine Rosen kümmern können.«

»Wenn du dich nicht bereit dazu fühlst, dieses Geheimnis zu teilen«, sagte er abschließend, »hast du immer noch Zeit, davon zurückzutreten. Aber dann wirst du natürlich den Umschlag nicht öffnen können. Ich werde dir deinen Scheck wiedergeben, und es steht dir frei, nach Hause zu gehen und dasselbe Leben wie bisher zu führen.«

Nun, da der junge Mann endlich den Brief in der Hand hatte, der das berühmte Geheimnis enthielt, konnte er nicht mehr kneifen. Seine Neugier hatte gesiegt.

»Ich verspreche es«, antwortete er.

KAPITEL 4

Worin sich der junge Mann als Gefangener sieht

Bald befand er sich allein in seinem Zimmer. Es war so luxuriös eingerichtet, daß er nicht anders konnte, als es von oben bis unten zu durchstöbern. Er schien den kostbaren Brief vergessen zu haben, den er so teuer bezahlt hatte. Er ging zu dem einzigen Fenster im Raum und blickte von hoch oben auf den Park hinaus. Er konnte sogar die Stelle im Garten sehen, wo er zuerst den Millionär bei der liebevollen Pflege seiner Rosen angetroffen hatte.

Die Nacht war angebrochen, doch der Vollmond warf auf alles sein schimmerndes Licht. Nun konnte es der junge Mann vor Ungeduld nicht mehr erwarten. Endlich würde er das Geheimnis entdecken, wie man sein Glück machte und reich wurde, das sich ihm solange entzogen hatte.

Er öffnete den Umschlag, entfaltete den Brief und begann ihn durchzulesen – oder vielmehr hätte er das gern getan, wenn das Blatt Papier, auf das er starrte, nicht völlig leer gewesen wäre! Er wendete es um. Auf keiner Seite war der geringste Federstrich zu entdecken! Er war dumm genug gewesen, sich von dem alten Mann hinters Licht führen zu lassen. Er hatte einen Scheck über eine schwindelerregende Summe für ein Geheimnis hergegeben, das nicht existierte!

Und doch war ihm der Millionär am Ende richtig freundlich erschienen. Er hatte sogar angefangen, den alten Mann zu mögen, der ganz wahrhaftig wirkte. Der junge Mann erkannte, daß er besser hätte aufpassen sollen, denn schließlich lag eine gewisse Wahrheit in der Redensart, daß völlig ehrliche Menschen niemals reich werden. Er mußte sich eingestehen, daß er keinerlei Geschäftssinn besaß – und wahrscheinlich war er genau aus diesem Grund auf den Trick des alten Mannes reingefallen!

Ein Gefühl von Auflehnung ergriff ihn, und in einem Wutanfall zerriß er den Brief und warf ihn auf den dicken Plüschteppich. Sein einziger Trost war, daß noch keiner gestorben war, der sich lächerlich gemacht hatte – sonst wäre sein Leben jetzt nichts mehr wert.

Was konnte er bloß tun? Die ganze Affäre hatte etwas Unwirkliches an sich. Er hatte sich in eine Falle locken lassen, die zugeschnappt war. Es blieb ihm nur ein Ausweg: Er mußte so rasch wie möglich entkommen. Wer weiß . . . vielleicht war sogar sein Leben in Gefahr? Er mußte sich schnell entscheiden. An diesem Ort wollte er die Nacht nicht mehr verbringen.

Am besten würde er sich so geräuschlos wie möglich fortschleichen. Er ging auf Zehenspitzen zur Tür und drückte langsam auf die Klinke. Verdammt! Die Tür war von außen verriegelt. Er war ein Gefangener. Das Fenster war der einzige Ausweg. Er rannte zu ihm hin. Es ließ sich leicht öffnen, doch es lag fast neun Meter hoch über dem Erdboden. Wenn er hinaussprang, würde er sich bestimmt das Genick brechen. Da war es ratsam, sich einen anderen Fluchtweg auszudenken. Seine einzige Hoffnung blieb, nach dem Butler zu klingeln. Was hätte er sonst tun können? Es war ausgeschlossen, sich heimlich, still und leise in der Nacht davonzumachen.

Er drückte auf den Klingelknopf und wartete. Niemand kam.

Er klingelte noch einmal. Nichts rührte sich.

Im Haus war es vollkommen still. Jeder mußte schon schlafen. Vielleicht war die Klingel defekt. In diesem Falle wäre ihm nichts anderes übriggeblieben, als laut zu rufen. Doch das konnte er nicht – denn was würde geschehen, wenn der Millionär, gegen jeden Augenschein, in gutem Glauben gehandelt hätte? Dann stünde der junge Mann als Narr da, der mitten in der Nacht alle aufgeweckt hätte.

Endlich beschloß er, noch ein wenig zu schlafen. Das war

jedoch leichter gesagt als getan. Die Geschehnisse dieses Tages rasten vor seinen Augen ab. Trotz aller Argumente, die er vorbrachte, konnte er nur wenig gegen das Gefühl von Absurdität ausrichten, das ihn allmählich zu überwältigen drohte. Das leere Blatt Papier, das er für 10.000 Mark gekauft hatte, schwebte ihm unablässig vor den Augen, so als wäre es darauf erpicht, ihn zu verhöhnen. Zum Glück rettete ihn der Schlaf vor diesem wachen Alptraum. Doch nicht lange ... Er begann von einem Fremden zu träumen, der ihn wiederholt dazu drängte, eine dicke Akte von äußerster Wichtigkeit zu unterschreiben, so als würde sein Leben davon abhängen. Er protestierte nachdrücklich, denn es mußte ein Irrtum vorliegen – das Schriftstück bestand aus völlig leeren Seiten ...

KAPITEL 5

Worin der junge Mann lernt, Vertrauen zu haben

Am nächsten Morgen fühlte sich der junge Mann so, als wäre er von einem Dreitonner überfahren worden. Zu allem Überfluß hatte der leichte Wind, der durch das geöffnete Fenster hereinwehte, den unrühmlichen Brief sacht in die Höhe gehoben und die einzelnen Teile am Fußende seines Bettes auf magische Weise wieder zusammengefügt. Das war das erste, worauf seine Augen an diesem Morgen fielen, und das machte ihn wütend. Er hatte in seinen Kleidern geschlafen, die nun völlig verknittert waren, doch das kümmerte ihn nicht im geringsten. Er hatte nur einen einzigen Gedanken im Sinn: den alten Mann zu finden, ihm sein Geheimnis zurückzugeben und dafür den Scheck wiederzubekommen. Der junge Mann warf einen flüchtigen Blick in den Spiegel, um festzustellen, daß er ziemlich verheerend aussah. Das bestärkte ihn nur in seiner Entschlossenheit.

Er fuhr sich einige Male mit den Fingern durch die Haare und steuerte dann auf die Tür zu, wobei er sich sogleich daran erinnerte, daß sie am Vorabend verschlossen gewesen und er vielleicht immer noch ein Gefangener war. Doch dem war nicht so. Erbost machte er sich mit großen Schritten auf den Weg ins Eßzimmer.

Er fand dort den *Instant*-Millionär ruhig am Tisch sitzend und genauso wie am Vortag angezogen: mit der sauberen und ordentlichen, aber erstaunlich abgenutzten Kleidung eines Gärtners. Sein großer, spitzer Hut, der einem Zauberer hätte gehören können, wenn er nicht aus Stroh gewesen wäre, lag vor ihm auf dem Tisch. Der Millionär warf eine Münze und zählte, wobei er bis »Acht« gekommen war.

»Neun«, murmelte er, ohne den Blick von der Münze abzuwenden. »Zehn.« Doch er schaffte es nicht bis »Elf«, fluchte leise, hob seinen Hut hoch und holte die Münze heraus.

»Es ist mir noch nie gelungen, über die Zahl Zehn hinauszukommen«, bemerkte er. »Ich bekomme zehnmal hintereinander ‚Zahl' und dann beim elften Wurf unabänderlich ‚Kopf', auch wenn ich die Münze jedesmal auf die gleiche Weise werfe.«

Ein Gedanke fuhr dem jungen Mann blitzartig durch den Kopf. Auf der Stelle wurde ihm klar, daß er am Vorabend noch ein zweites Mal getäuscht worden war. Er hätte seine Wette weder mit ‚Kopf' noch mit ‚Zahl' gewinnen können.

»Mein Vater, der ein Zauberkünstler war, ist regelmäßig bis ‚Fünfzehn' gekommen«, erklärte der Millionär. »Er hat mir seine Begabung nicht vererbt.«

Der junge Mann bat um die Münze. Nachdem der Millionär sie ihm bereitwillig gegeben hatte, warf er sie auf den Tisch – Kopf. Zahl. Kopf. Offensichtlich handelte es sich nicht um eine getürkte Münze, wenn sie keinen verborgenen Mechanismus besaß, den er übersehen hatte.

»Es war nichts Unehrenhaftes an unserer gestrigen Wette«, betonte der Millionär. »Ich habe lediglich meine Fähigkeiten eingesetzt, mit Geld umzugehen. Außerdem ist es nicht das erste Mal, daß Geschicklichkeit für Unehrlichkeit gehalten wird.«

Der junge Mann wußte nicht, was er darauf antworten sollte. Dann erinnerte er sich daran, was ihn hierhergeführt hatte. Er zog schwungvoll den Brief aus der Tasche und knallte ihn auf den Tisch.

»Sie haben gute Arbeit geleistet, mich zu prellen, mein Herr. Da sind Sie leicht zu Geld gekommen – 10.000 Mark für ein leeres Blatt Papier!«

»Es ist nicht leer. Es ist das Geheimnis des Reichtums«, verbesserte der Millionär ihn.

Der junge Mann wartete darauf, daß sich der Millionär für dieses bedauerliche Mißverständnis entschuldigte. »Nun, das müssen Sie mir genauer erklären. Halten Sie mich für einen Trottel?«

»Einen Trottel? Selbstverständlich nicht. Es mangelt dir nur an Scharfblick. Das ist ganz normal. Dein Geist ist noch jung und unausgereift.«

»Das mag ja so sein, aber ich kann gewiß ein leeres Stück Papier erkennen, wenn ich darauf blicke – und auch die Tatsache, daß Sie mich reingelegt haben.«

»Ich verstehe nicht, was du dir mehr wünschen kannst. Ich versichere dir, daß du nur mit diesem leeren Stück Papier in der Tat sehr reich werden kannst. Mehr habe ich damals auch nicht gebraucht, um *Instant*-Millionär zu werden . . . Aber da meine Zeit knapp bemessen ist und ich mich bald um meine geliebten Rosen kümmern muß, will ich dir helfen. Hör mir aufmerksam zu, denn sobald du dieses Geheimnis mit Erfolg anwendest und dich von deinen Fesseln befreist, wirst du anderen den Weg dahin zeigen müssen. Darf ich dich bitten, das Versprechen zu wiederholen, das du gestern gegeben hast?«

Es gab keinen Zweifel daran: Der Millionär war derjenige Mensch mit der ungewöhnlichsten Überzeugungskraft, dem der junge Mann jemals in seinem Leben begegnet war! Vor wenigen Minuten noch war er bereit gewesen, ihn mit aller Schnelligkeit zu verfluchen, wie sie nur die Jugend besitzt, und nun aß er dem alten Mann fast aus der Hand!

Der Gedanke, das Angebot des Millionärs abzulehnen, kam ihm nicht einmal in den Sinn. Feierlich wiederholte er sein Versprechen. Der Millionär lächelte über das ganze Gesicht – ein Lächeln, das ebenso eigenartig war wie am vergangenen Tag, als der junge Mann ihm zuerst im Garten begegnet war.

»Ich habe beschlossen, dir das Geheimnis zu erzählen, da es dir nicht gelungen ist, es aus eigener Kraft zu entdecken.

Ich muß dich nochmals warnen, daß es dir vermutlich zu einfach erscheinen wird, um wahr zu sein. Doch laß dich von seiner Einfachheit nicht täuschen. Jedesmal, wenn du zu zweifeln beginnst, mußt du dir Mozart ins Gedächtnis rufen. Wahre Genialität liegt in der Einfachheit. Da du noch jung bist, wirst du am Anfang zu Zweifeln neigen. Mit der Zeit, wenn Reichtum auf eine ganz unvorhergesehene Weise von dir angezogen wird, wirst du verstehen lernen.«

»Ich will ehrlich zu Ihnen sein«, sagte der junge Mann. »Genau das habe ich mir von ganzem Herzen erhofft: zu verstehen!«

»Um so besser. Vertrauen folgt rasch auf wahres Verstehen. Wenn du einmal das Geheimnis begriffen hast, wirst du erkennen, warum du daran glaubst. Doch am Anfang wird dir dieses Geheimnis, trotz seiner Einfachheit, so erstaunlich vorkommen, daß du nicht dazu fähig sein wirst, es zu verstehen – oder, aus dem gleichen Grund, überhaupt daran zu glauben. Daher bitte ich dich um einen kleinen Vertrauensbeweis. Es ist ein wenig so wie bei einem Ungläubigen, der versucht, in eine Beziehung mit Gott zu treten . Wenn Gott existiert, wirst du aufgrund deines Vertrauens alles gewonnen haben. Wenn er nicht existiert, wirst du auch nichts verloren haben. Das gleiche gilt für dieses Geheimnis.«

KAPITEL 6

Worin der junge Mann lernt, sich auf ein Ziel zu konzentrieren

Hab keine Hemmungen, mir jede Frage zu stellen, die dir in den Sinn kommt«, sagte der Millionär. »Ich werde sie dir mit Vergnügen beantworten. Bald wirst du das nicht mehr tun können, und da unsere gemeinsame Zeit begrenzt ist, sollten wir sie nicht mit nutzlosen Diskussionen vergeuden. Hier ist etwas zu schreiben. Hast du das Blatt Papier?«

»Ja, hier ist es.«

»Möchtest du wirklich reich werden?«

»Das möchte ich ganz bestimmt.«

»Also gut. Schreibe den Geldbetrag hin, den du haben möchtest, und auch die Zeit, die du dir selbst gibst, um ihn zu verdienen. Das ist das rätselhafte Geheimnis des Reichtums.«

Der junge Mann dachte erneut, daß ihn der *Instant*-Millionär auf den Arm nehmen wollte. »Glauben Sie denn etwa, daß ein Geldregen vom Himmel fallen wird, nur weil ich ein paar Zahlen auf Papier schreibe?«

»Ja, das tue ich«, war alles, was der Millionär zu sagen für nötig hielt. »Deine Reaktion überrascht mich keineswegs. Ich habe dich vorgewarnt, daß das Geheimnis einfach sei, und doch bist du immer noch wie vom Donner gerührt . . . Laß mich noch einen Punkt ergänzen, bevor ich versuche, die Dinge klarzustellen. Alle Millionäre, denen ich begegnet bin, haben mir bekannt, daß sie in dem Augenblick reich wurden, als sie sich selbst einen festen Betrag und einen Stichtag setzten, um ihn zu erwerben.«

»Es tut mir leid, aber ich verstehe immer noch nicht. Was nützt es mir, eine Zahl und einen Stichtag aufzuschreiben?«

»Wenn du nicht weißt, wohin du steuerst, besteht die Chance, daß du nie irgendwo ankommen wirst.«

»Vielleicht, aber das scheint mir den Beigeschmack von Magie zu haben.«

»Aber genau das ist es ja auch – die geheime Magie eines quantitativ bestimmten Ziels. Betrachten wir das Problem einmal von einem anderen Blickwinkel aus. Nehmen wir an, du versuchst, einen Job zu bekommen. Du unternimmst alle notwendigen Schritte und hast schließlich ein Vorstellungsgespräch. Kurze Zeit später wird dir mitgeteilt, daß du in die engere Auswahl gekommen bist. Dann erfährst du, daß du den Job kriegst und eine Menge Geld verdienen wirst. Wie würdest du reagieren? Zunächst einmal wärst du sicher sehr zufrieden mit dir. Aus Dutzenden, vielleicht Hunderten von Bewerbern ausgewählt worden zu sein – was für eine Leistung! Und da Jobs ziemlich rar sind und du drei Monate arbeitslos warst, oder wenn du vielleicht eine Beschäftigung hattest, die dir schon seit über einem Jahr nicht mehr zusagte, dann wärst du der Meinung, daß dies in der Tat eine sehr glückliche Fügung sei. Doch wie würdest du reagieren, wenn deine anfängliche Euphorie einmal verflogen ist?«

»Nun, zunächst würde ich mich fragen, wann die Arbeit anfängt. Dann würde ich gern die genaue Bedeutung von ‚eine Menge Geld' erfahren. Da alles in dieser Welt relativ ist, würde ich genau zu ermitteln versuchen, wie hoch das Gehalt wäre und welche weiteren Vergünstigungen geboten würden.«

»Du hast mir die Worte aus dem Mund genommen«, sagte der Millionär. »Wenn du zum Beispiel deinen künftigen Chef fragtest, was er mit ‚eine Menge Geld' meine, und er dir lediglich versicherte, daß du bestimmt sehr viel verdienen würdest, dann würde dir das nicht weiterhelfen. Schlimmer noch, du würdest wahrscheinlich anfangen, dir Hintergedanken über seine Ehrlichkeit zu machen. Die Tatsache, daß er sich weigerte, eine bestimmte Zahl zu nennen, würde wahrscheinlich bedeuten, daß etwas Fragwürdiges vorging oder daß dein Gehalt nicht so großzügig bemessen war, wie er es angedeutet hatte. Wenn er dir ebenfalls nicht das genaue Antrittsdatum dieses Jobs mitteilen würde, dann wärst du doch auch nicht sehr beglückt darüber, oder? Du würdest doch sicher versuchen, ihn festzunageln.«

»Vermutlich würde ich das tun«, bestätigte der junge Mann und fand an den einleuchtenden Argumenten des Millionärs nichts auszusetzen.

»Wenn du aber selbst dann die gewünschten Angaben nicht erhalten würdest, obwohl du darauf bestehst, dann könntest du es ja auch einfach vorziehen, die Sache abzublasen und dich anderweitig umzusehen. Es wäre in der Tat auch dein gutes Recht.«

»Das stimmt. Der Arbeitgeber würde mich entweder aufklären, oder er wäre ein ausgemachter Schwindler. Ich müßte jedoch zugeben, daß dieses Stellenangebot auf jeden Fall einiges zu wünschen übrig ließe.«

Der Millionär sah ebenso zufrieden aus, wie Sokrates sich nach einem besonders mühsamen Frage-und-Antwort-Spiel mit seinen Schülern gefühlt haben mußte. Er machte eine kleine Pause, bevor er mit demselben etwas spöttischen, wenn auch gutmütigen Lächeln auf den Lippen fortfuhr: »Gerade eben hast du deinem imaginären Arbeitgeber Fragen in der Absicht gestellt, unumstößliche Tatsachen zu hören. Habe ich recht? Es hat dir nicht ausgereicht, bloß zu wissen, daß du eine Menge Geld verdienen würdest; du wolltest auch genau wissen, wieviel. Ebenso hast du dich nicht damit begnügt, bloß zu erfahren, daß du den Job bekommen würdest; du wolltest auch den genauen Einstellungstermin wissen. Zusätzlich wolltest du wahrscheinlich alles dies schriftlich haben, weil ein Vertrag eine mündliche Vereinbarung bekräftigt. Natürlich sollte das Wort eines anderen ausreichen – doch gesprochene Worte sind vergänglich, das geschriebene Wort von Dauer. Das gleiche trifft auch auf das Leben zu. Die meisten Menschen – oder zumindest die erfolglosen – sind sich dessen nicht bewußt, daß das Leben uns genau das gibt, was wir von ihm erfragen. Als allererstes müssen wir jedoch genau das erfragen, was wir möchten. Wenn dein Wunsch unbestimmt ist, wirst du auch nichts anderes bekommen. Wenn du nach dem Minimum fragst, wirst du das Minimum erhalten – und wundere dich dann nicht, wenn das alles ist, denn schließlich hast du genau das verlangt.«

Der Millionär vergewisserte sich, daß der junge Mann seinen Worten folgte, bevor er weitersprach: »Jede Bitte, die du vorbringst, muß auf dieselbe Art und Weise formuliert sein. Vor allem muß sie ganz und gar präzis sein. Wenn es um Wohlstand geht, müssen wir einen Geldbetrag und einen Stichtag dafür festlegen. Doch was tun die Leute in der Regel? Selbst jene, die zu viel Geld kommen wollen, machen alle denselben Fehler. Wenn du dich überzeugen willst, dann frage nur jemanden genau danach, wieviel er im nächsten Jahr verdienen möchte und bitte ihn um eine spontane Antwort. Wenn dieser Mensch wirklich auf dem Weg zum Erfolg ist, wenn er weiß, worauf es ihm ankommt, und wenn er nichts dagegen hat, es dir anzuvertrauen, dann sollte er unverzüglich antworten können. Neun Personen von zehn werden diese einfache Frage jedoch nicht auf Anhieb beantworten können. Das ist ein großer Fehler, denn das Leben will genau wissen, was du von ihm erwartest. Wenn du nicht um etwas bittest, wirst du auch nichts bekommen.

Nun wollen wir denselben Test mit dir machen«, fuhr der alte Mann fort. »Du hast mir gesagt, daß du gern reich werden möchtest.«

»Ganz genau.«

»Kannst du mir dann sagen, wieviel du gern im nächsten Jahr verdienen möchtest?«

Unvermittelt war der junge Mann um Worte verlegen. Es

hatte ihm keine Mühe bereitet, der Beweisführung des Millionärs zu folgen; er hatte ihr sogar uneingeschränkt zugestimmt. Und doch mußte er nun eingestehen, daß auch er zu der überwiegenden Mehrzahl von Menschen gehörte, die zwar reich werden wollen, aber nicht wissen, wieviel Geld sie eigentlich verdienen möchten. Das war ihm peinlich, und sein Gesicht färbte sich feuerrot.

»Ich weiß es nicht«, mußte er bekennen. »Doch ich glaube, daß ich gerade eben einen meiner Fehler begriffen habe — vielleicht den grundlegendsten.«

»Das ist in der Tat ein schwerwiegender Fehler. Laß uns versuchen, ihn zu beheben. Na los, schreib die Summe hin, die du im Sinn hast.«

»Ich habe wirklich nicht die geringste Ahnung«, murmelte der junge Mann.

»Und dabei ist es doch so einfach! Schreib den Betrag hin, den du gern zwischen jetzt und dem nächsten Jahr verdienen willst. Ich weiß, was wir tun werden. Denke ein paar Minuten darüber nach. Wenn die Zeit vorbei ist, mußt du es wirklich geschafft haben, eine bestimmte Summe hinzuschreiben. Was den Stichtag angeht, haben wir ein Jahr von heute ab gesagt. Du mußt dir also nur Gedanken über den Betrag machen. An die Arbeit – die Zeit verrinnt schnell!«

Nach diesen Worten ergriff er das goldene Stundenglas, das auf dem Tisch stand, und drehte es um.

Rasch ließ sich der junge Mann auf das Spiel ein, wenn man es so nennen kann, denn zum allerersten Mal in seinem Leben mußte er so intensiv nachdenken. Alle möglichen absurden Zahlen schwirrten ihm unkontrolliert durch den Kopf. Die Zeit verstrich. Als das letzte Sandkorn nach unten gefallen war, hatte er sich noch immer auf keine bestimmte Zahl festgelegt.

»Gut«, sagte der Millionär, der seinen Blick keine Sekunde lang von dem Stundenglas abgewendet hatte. »Welche Zahl hast du im Sinn?«

Der junge Mann schrieb die höchste Zahl hin, die er überhaupt nur für erreichbar hielt. Seine Hände zitterten, als er langsam die einzelnen Ziffern nachzeichnete.

»60.000 Mark!« rief der Millionär aus. »Das ist ziemlich wenig – aber immerhin ist es ein Anfang. 600.000 Mark hätte ich vorgezogen. Du hast noch eine ganze Menge Arbeit vor dir, ehe aus dir ein *Instant*-Millionär wird. Aber das wirst du schon selbst sehen. Diese Aufgabe wird nicht so mühsam sein, wie die meisten Menschen es sich vorstellen. Dennoch wird es die wichtigste Arbeit sein, die du jemals in deinem Leben leisten wirst – gleichgültig, welche Beschäftigung du dir schließlich erwählen wirst. Sie wird die Arbeit an dir selbst genannt.«

KAPITEL 7

Worin der junge Mann die Bedeutung seines Selbstwertes kennenlernt

Der junge Mann hatte noch nicht gefrühstückt, und der Gefühlsaufruhr in der vergangenen Nacht hatte seinen Appetit kräftig angeregt. Plötzlich kam der Butler mit Kaffee und frischen Hörnchen herein, und während der junge Mann aß, wurde die Lektion in der folgenden Weise fortgesetzt:

»Ich möchte dir eine Reihe von Fragen stellen«, sagte der *Instant*-Millionär, »damit du besser verstehst, was mit dir während der Zeit deines Nachdenkens passiert ist, die dir recht kurz erschienen sein muß.«

»Das war sie ohne Zweifel.«

»Die erste Beobachtung, die du anstellen mußt, ist die, daß der Betrag, den du auf dieses Stück Papier geschrieben hast, weitaus mehr bedeutet, als du annimmst. In der Tat stellt diese Summe, fast bis auf den Pfennig genau, das dar, was du deiner Meinung nach wert bist. In deinen Augen, ob du es nun zugeben willst oder nicht, bist du 60.000 Mark wert. Nicht einen Pfennig mehr und nicht einen Pfennig weniger . . .«

»Ich verstehe nicht, warum Sie das sagen«, stellte der junge Mann fest. »Die Tatsache, daß ich diesen Betrag gewählt habe, bedeutet, daß ich vernünftig bin und mit beiden Beinen auf der Erde stehe. Ich kann nicht absehen, wie ich im Augenblick mehr verdienen kann. Schließlich habe ich keinen akademischen Abschluß, mein Bankguthaben ist praktisch gleich Null, und ich bin ohne Arbeit.«

»Deine Denkweise hat zweifellos ihre Berechtigung – jedenfalls respektiere ich sie. Das Problem ist nur, daß diese Haltung die Ursache für deine gegenwärtige Situation ist.

Äußere Umstände sind in Wirklichkeit nicht von sehr großer Bedeutung. Behalte das gut im Gedächtnis: Alle Geschehnisse in deinem Leben, ob sie nun deine Gefühle, die Gesellschaft oder deinen Beruf betreffen, sind ein Spiegelbild deiner Gedanken. Aber da dein Geist nicht ausgeformt ist, kann er diesen Grundsatz noch nicht annehmen. Dein Geist hält noch an der ziemlich weitverbreiteten Illusion fest, daß äußere Faktoren dein Leben bestimmen, während in Wirklichkeit alles im Leben eine Sache der Geisteshaltung ist. Das Leben ist genau so, wie wir es uns vorstellen. Alles, was dir widerfährt, wird von deinen Gedanken herbeigeführt. Wenn du also dein Leben verändern willst, dann mußt du damit anfangen, dein Denken zu verändern. Zweifellos wirst du das als etwas abgedroschen betrachten. Von vielen ‚rationalen' Menschen wird dieser Grundsatz hartnäckig widerlegt.«

Als er bemerkte, daß der junge Mann wie gebannt an jedem seiner Wort hing, fügte er rasch hinzu: »All jene, die große Dinge im Leben erreicht haben, ungeachtet auf welchem Gebiet, haben stets die Einwände ignoriert, die von rationalen Denkern und Intellektuellen erhoben werden. Was auch immer sie sagen, ihr Denken ist im wesentlichen materialistisch bestimmt. Sie führen Argumente an und wollen Dinge logisch erklären – doch wenn es darauf ankommt, sind ihre Diskussionen ziemlich unfruchtbar.

Du darfst aber nicht glauben«, fuhr er fort, »daß ich etwas gegen Intelligenz habe – ganz im Gegenteil. Urteilskraft und logisches Denken sind notwendig, um Erfolge zu erzielen. Aber sie reichen nicht aus. Sie dürfen nicht mehr als Werkzeuge und treue Diener sein. Doch in den meisten Fällen werden sie zu Hindernissen auf dem Weg zu großen Leistungen, die nur von denjenigen hervorgebracht werden, die an die Kräfte des Geistes glauben. Diese erfolgreichen Menschen lassen sich von den äußeren Umständen niemals allzusehr beunruhigen, und sie ziehen Reichtum auf fast wunderbare Weise an. Wenn du dich näher damit beschäftigst, waren die Verhältnisse, mit denen bedeutende Menschen in der Vergangenheit konfrontiert waren, nicht anders als die ihrer Zeitgenossen. Häufig sind sie in der Tat sogar noch schwieriger gewesen, doch diese Situation hat sie nur dazu veranlaßt, ihre innere Kraft noch tiefer zu erschließen. All diese bedeutenden Menschen haben fest daran geglaubt, Großes leisten zu können. Alle, die reich wurden, waren zutiefst davon überzeugt, reich werden zu können. Und deshalb haben sie auch Erfolg gehabt.

Doch wir wollen jetzt zu unserem Blatt Papier zurückkehren und diese Frage beantworten«, meinte er abschließend. »Die Zahl von 60.000 Mark, die du hingeschrieben hast, ist doch bestimmt nicht die erste gewesen, die dir in den Sinn kam, oder?«

»Sie haben recht. Das war sie nicht.«

»Welche Zahl ist es denn gewesen?«

»Das kann ich wirklich nicht genau sagen. In meinem Kopf wimmelte es nur so von Zahlen.«

»Zum Beispiel?«

»Nun, 100.000 Mark.«

»Und warum hast du das nicht hingeschrieben?«

»Das weiß ich auch nicht. Vermutlich schien es mir völlig unerreichbar zu sein.«

»Das wird es auch bleiben, bis du selbst davon überzeugt bist, daß du es erreichen kannst. Da du nur mit 60.000 Mark angefangen hast, müssen wir uns noch tüchtig anstrengen – denn sonst wirst du sehr lange dafür brauchen, um Millionär zu werden. Schreib also die höchste Zahl hin, die dir noch erreichbar erscheint.«

Der junge Mann gehorchte. Nach einem Augenblick des Nachdenkens schrieb er 80.000 Mark hin.

»Gratuliere!« sagte der *Instant*-Millionär spontan. »Du hast gerade 20.000 Mark in wenigen Sekunden verdient. Ist doch nicht schlecht, wie?«

»Aber ich habe sie doch noch gar nicht verdient . . .«

»Es ist schon so, als hättest du es bereits, denn du hast damit den größten Schritt getan. Durch die Erwägung, daß du 80.000 anstelle von 60.000 Mark verdienen könntest, hast du das Bild erweitert, das du von dir selbst hast, und deinen Wert erhöht. Es ist zwar kein riesiger Sprung vorwärts, aber immerhin ein Fortschritt. Schließlich ist Rom nicht an einem Tag erbaut worden. In dir – wie übrigens in jedem Menschen – liegt auch so etwas wie Rom: eine verborgene Stadt. Und auf wunderbare Weise ist diese Stadt genauso, wie du sie dir ausmalst. Das heißt, sie ist erstaunlich anpassungsfähig. Die Größe deiner Stadt hängt von dem Umfang ab, den du selbst ihr gibst. Nur wenige Menschen wissen, daß diese innere Stadt existiert. Die Grenzen, die du für sie errichtest, sind im allgemeinen als dein ‚Selbstwert' bekannt. Wenn du die Zahl, die du hingeschrieben hast,vergrößerst, hast du damit den Prozeß in Gang gesetzt, deine Stadtgrenzen auszudehnen. Gleichzeitig ist dein inneres Rom gewachsen – oder es hat zumindest damit begonnen. Alle weisen Denker haben seit jeher gesagt, daß die größte Begrenzung, die der Mensch sich selbst auferlegen kann – und damit das größte Hindernis für seinen Erfolg – geistiger Natur ist. Erweitere die Grenzen deines Geistes, und du wirst dein Leben erweitern. Sprenge sie, und du wirst auch die Einschränkungen deines Lebens sprengen. Deine Lebensbedingungen werden sich wie von Zauberhand verändern. Das schwöre ich dir.«

»Doch wie kann ich meine geistigen Begrenzungen feststellen?« erkundigte sich der junge Mann. »Das alles erscheint mir einleuchtend, aber gleichzeitig auch ziemlich abstrakt.«

»Ich habe dir gerade erklärt, wie du die Begrenzung erkennen kannst, die deinen Geist einschließt und die deinem Selbstwert und dem Bild entspricht, das du von dir hast. Als du jene Zahl hinschriebst, hast du es in eine konkrete Form übertragen. Es ist faszinierend zu sehen, wie leicht sich herausfinden läßt, was jeder wirklich von sich selbst denkt. Bei dieser kleinen Übung enthüllt eine einzige Zahl sofort seinen wahren Selbstwert. Er wird mit seinen geistigen Begrenzungen konfrontiert, die bis aufs I-Tüpfelchen den Grenzen entsprechen, auf die er im Leben stoßen wird. Das Leben wird sich vor den Grenzen beugen, die er sich selbst setzt – ob ihm das bewußt ist oder nicht. Das Tragische daran ist, daß Menschen, die allgemein scheitern, am wenigsten von diesen Grundprinzipien des Erfolgs und Reichtums wissen. Erfolgreiche Menschen haben dieses Phänomen dagegen wahrgenommen und bemühen sich nach Kräften, auf ihren Selbstwert einzuwirken.

Die einfachste Methode dafür ist am Anfang die«, fuhr er fort, »ein leeres Blatt Papier zu nehmen und ständig größere Zahlen darauf zu schreiben. Eins steht auf jeden Fall fest: Du kannst nicht reich werden, wenn du nicht davon überzeugt bist, daß du dazu imstande bist. Das Bild, das du für dich erschaffst, muß mit dem Bild einer Person übereinstimmen, die reich werden kann. Laß uns daher mit unserer kleinen Übung noch einmal von vorn anfangen. Schreib diesmal eine noch viel gewagtere Zahl hin.«

Der junge Mann überlegte ein paar Sekunden und schrieb dann, während er vor Unbehangen hin- und herrutschte, 120.000 Mark hin – wobei er augenblicklich gestand, dies sei die allerhöchste Summe, die zu verdienen er jemals erhoffen konnte.

»Vielleicht ist es die höchste Summe, die du jemals *erhoffen* konntest, aber es ist ganz bestimmt nicht das Maximum, das du *tatsächlich* verdienen könntest. Das ist eine ziemlich bescheidene Zahl. Manche Leute verdienen soviel in einem Monat, andere in einer Woche oder sogar an einem Tag – jeden Tag im Jahr. Laß mich dir immerhin gratulieren: Du hast erstaunliche Fortschritte gemacht, deinen Selbstwert verdoppelt und deine geistigen Grenzen beträchtlich ausgedehnt. Zwar nicht so weit, wie ich es mir gewünscht hätte, aber ich möchte dich auch nicht drängen. Du mußt damit anfangen, dir selbst ein Ziel zu setzen, das du für gewagt und gleichzeitig doch für vernünftig hältst. Sonst würde es dir zu schwerfallen, daran zu glauben. Das Geheimnis eines Ziels besteht darin, daß es sowohl ehrgeizig als auch erreichbar sein muß. Vergiß das nie, wenn du dich endgültig auf ein Ziel festlegst. Vergiß andererseits aber auch nicht, daß die meisten Menschen übertrieben vorsichtig sind. Sie haben Angst davor, die festen Grenzen ihres Geistes aufbrechen zu lassen. Sie sind daran gewöhnt, eine langweilige Existenz zu führen und leer auszugehen. Sie sind davon überzeugt, daß es um mehr im Leben nicht geht und sind zu eingeschüchtert, um Träume zu haben. Du darfst dich nicht davor fürchten, deine geistigen Grenzen auszudehnen. Was du in einer Stunde lediglich dadurch erreichen kannst, daß du nur eine Reihe von immer größeren Beträgen hinschreibst, ist erstaunlich. Nimm nur dich als Beispiel: Du hast es geschafft, dein Ziel in einer Sache von wenigen Minuten zu verdoppeln.

Führe nachher, wenn du allein bist, die nächste Übung aus«, fuhr er fort. »Zieh dich in die Stille deines Gästezimmers zurück und schreibe den Verlauf deiner finanziellen Zukunft auf: ‚In sechs Jahren vom heutigen Tag an will ich Millionär sein'. Das ist die praktische Anwendung meines Geheimnisses, wie man Millionär wird. Du wirst vermutlich einzuwenden haben, daß du sechs Jahre brauchen wirst, um Millionär zu werden. Das gebe ich zu – aber du wirst nur eine Sekunde dafür brauchen, um den geheimen Schlüssel zu aktivieren, der deine finanzielle Zukunft und dein Glück gewährleisten wird.

Was mich betrifft, so habe ich genau fünf Jahre und neun Monate dafür gebraucht, um meine erste Million zu verdienen, obwohl ich mit 10.000 Mark anfing, die mir ein alter Millionär geliehen hatte. Seitdem habe ich jedesmal dieselbe Formel verwendet, und mein Vermögen ist immer weiter angewachsen. Über diese Formel haben schon viele gekichert, und das wird auch so bleiben – doch es sind nicht die Reichen, die darüber lachen!«

Der junge Mann schüttelte nachdenklich den Kopf. Er wußte wirklich nicht, was er sagen sollte. Halbwegs war er überzeugt, aber alles erschien ihm doch ein bißchen zu einfach.

»Selbstverständlich«, fuhr der *Instant*-Millionär fort, »ist diese Formel nicht nur für diejenigen gültig, die Millionäre werden wollen. Schließlich hat nicht jeder diesen Ehrgeiz. Und genau darin liegt die Schönheit dieses Geheimnisses. Es ist ebenso wirksam bei jeglichen anderen Träumen – von dem bescheidensten angefangen bis hin zu dem ausgefallensten. Es kann dir zusätzlich 5.000 Mark im Jahr einbringen oder dein jährliches Einkommen verdoppeln – was übrigens ganz und gar möglich ist.

Wenn du nichts dagegen hast, möchte ich jetzt zu meinen kostbaren Rosen zurückkehren, und du kannst dich einige Zeit in deinem Zimmer aufhalten und den Satz niederschreiben, den ich dir gesagt habe: ‚In sechs Jahren auf den Tag genau will ich Millionär sein. Ich will daher Millionär sein am . . .' und dann schreibst du den Tag, den Monat und das Jahr hin. Achte genau darauf, daß du jeden einzelnen Eindruck notierst, der dir dabei in den Sinn kommt. Papier wirst du im Schreibtisch finden. Behalte eins im Gedächtnis: Solange wie du dich nicht mit der Idee vertraut gemacht hast, Millionär zu werden, solange wie dies nicht völlig in dein Leben und damit in deine innersten Gedanken integriert ist, kann dich nichts darin unterstützen, Millionär zu werden. Geh nun und denk über meine Formel nach, die während der nächsten sechs Jahre zu deinem Leitsatz werden wird.«

KAPITEL 8

Worin der junge Mann die Macht von Worten entdeckt

Eine Stunde später tauchte der Butler auf, um den jungen Mann wieder zu holen. Dieser hatte gar nicht bemerkt, wie die Zeit vergangen war, so vertieft war er in die Übung gewesen, die ihm der wunderliche Millionär aufgetragen hatte.

Der Butler erklärte, daß der Millionär ihn im Garten erwarte, und schweigend geleitete er den jungen Mann dorthin. Sein Gastgeber saß auf einer Bank an der Stelle, wo er ihm zum erstenmal begegnet war, und betrachtete eine frisch geschnittene Rose. Er hob den Kopf, als er den jungen Mann näherkommen hörte. Ein sanftes Lächeln lag auf seinem Gesicht.

»Nun, wie ist es dir ergangen?« erkundigte er sich. »Hat es mit der Übung geklappt?«

»Ja, aber ich habe Ihnen eine Menge Fragen zu stellen.«

»Dazu bin ich hier«, sagte er und forderte den jungen Mann auf, sich neben ihn zu setzen.

»Was mich besonders beunruhigt«, sagte er zu dem alten Mann, »ist das Problem, daß ich im Hinblick auf mein derzeitiges Leben nicht absehen kann, wie ich in sechs Jahren ab heute Millionär werden soll, selbst wenn ich diesen dummen Satz hinschreibe und darüber meditiere. Daher die Frage: Wie schaffe ich es, mich selbst davon zu überzeugen, daß ich Millionär werden kann? Ich weiß nicht einmal, auf welchem Gebiet ich arbeiten möchte. Und ich halte mich auch für reichlich jung, um Millionär zu werden.«

»Das Alter ist kein Hindernis. Unzählige Leute sind reich geworden und waren noch viel jünger als du. Das größte Hindernis besteht darin, das Geheimnis *nicht* zu kennen und, *wenn* du es kennst, es nicht in die Praxis umzusetzen.«

»Dazu bin ich ja bereit. Ich kann nur nicht absehen, wie ich mich selbst jemals davon überzeugen soll, daß ich Millionär werden kann.«

»Dafür gibt es im Grunde nur eine einzige Methode – und das ist genau dieselbe, die du anwendest, um dir einzureden, daß du selbst dann kein Millionär werden könntest, wenn du es dir wünschst. In den nächsten paar Tagen oder allenfalls Wochen wirst du allmählich die Persönlichkeit eines *Instant*-Millionärs entwickeln. Natürlich wird es einige Zeit dauern, ehe alles aufgelöst ist, was sich im Laufe der Jahre aufgebaut hat. Das Geheimnis liegt in einer Verbindung aus Worten mit Vorstellungsbildern, worin sich Gedanken auf eine besondere Weise äußern. Jeder Gedanke, den du hast, manifestiert sich in deinem Leben in dieser oder jener Form. Je stärker der Charakter eines Menschen ist, desto kraftvoller und wirksamer werden seine Gedanken sein, und desto rascher werden sie sich auch bewahrheiten und damit seine Lebensumstände formen. Zweifellos hat dies Heraklit zu dem weisen Ausspruch ‚Der Charakter gleicht dem Schicksal' veranlaßt. Am besten werden deine Gedanken durch die Kraft deiner Wünsche unterstützt. Je intensiver du dir etwas wünschst, desto schneller wird sich die betreffende Sache in deinem Leben zeigen. Die Methode, um reich zu werden, ist der starke und ehrliche Wunsch danach, und dies ist auf jedem Gebiet des Lebens die notwendige Voraussetzung für Erfolg.«

»Aber ich wünsche mir doch ehrlich, reich zu sein!« sagte der junge Mann. »Seit Jahren schon habe ich alles nur mögliche dafür getan, doch nichts hat geklappt.«

»Der starke Wunsch danach ist zwar notwendig, aber er genügt nicht. Was dir fehlt, ist Glauben. *Du mußt daran glauben*, daß du Millionär werden wirst.«

»Wie kann ich diesen Glauben bekommen?«

»Ich habe ziemlich viele Bücher zu diesem Thema gelesen,

und das, was mein eigener Mentor mich gelehrt hat, entspricht den darin aufgestellten Schlußfolgerungen. Glauben ist nur durch die Wiederholung von Worten zu erlangen. Worte haben einen außergewöhnlichen Einfluß auf unser inneres und äußeres Leben. Die meisten Menschen haben keinerlei Ahnung von diesem Prinzip, oder sie unterlassen es, dieses anzuwenden . . . Nein, das nehme ich zurück – sie nutzen die Macht von Worten, aber gewöhnlich zu ihrem Schaden. Worte sind allmächtig.«

»Ich möchte Ihnen ja nicht widersprechen«, sagte der junge Mann, »doch ich glaube, daß Sie übertreiben. Ich kann wirklich nicht einsehen, wie Worte mir dabei helfen können, Millionär zu werden. Sie dürften vielleicht eine gewisse Bedeutung haben, aber Sie müssen doch zugeben, daß dies relativ ist.«

Der *Instant*-Millionär antwortete nicht auf den Einwand des jungen Mannes. Er war in seine eigenen Gedanken vertieft. Schließlich erklärte er: »In dem Schreibtisch oben in deinem Zimmer habe ich eine alte Broschüre gelassen, worin diese Theorie auf sehr einleuchtende Weise erklärt wird. Geh doch bitte und suche sie heraus. Der Text ist nur sehr kurz. Lies ihn und komm dann wieder nach unten. Wir werden unser Gespräch später fortsetzen. Wenn du ungestörter sein willst, dann verschließe deine Zimmertür.«

Der junge Mann war damit einverstanden. Er ging in sein Zimmer zurück, verschloß die Tür und begann, nach der Broschüre zu suchen. Im Schreibtisch fand er keine Broschüre, doch dafür einen Brief, der offensichtlich an ihn adressiert war. Zwar stand nicht sein Name darauf, nichtsdestoweniger war deutlich darauf vermerkt: *Brief an einen jungen Millionär.*

Er öffnete ihn. Er enthielt lediglich zwei Worte, die mit roter Tinte geschrieben waren: *Leb wohl* und trug die Unterschrift: *Der Instant-Millionär.*

Das Herz des jungen Mannes begann schneller zu schlagen. In diesem Augenblick hörte er ein Geräusch. Er drehte sich um und entdeckte einen Computer, den er vorher noch nicht bemerkt hatte. Jemand mußte ihn in seiner Abwesenheit dorthin gestellt haben. Der Drucker war in Betrieb. Der junge Mann trat näher heran und begann, den Ausdruck zu lesen. Er enthielt einen einzigen Satz, der sich ständig wiederholte:

Du hast nur noch eine Stunde zu leben
Du hast nur noch eine Stunde zu leben
Du hast nur noch eine Stunde zu leben
....

Wenn dies ein Scherz war, dann war er geschmacklos. Doch es mußte ein Scherz sein. Warum sollte ihm der *Instant*-Millionär den Tod wünschen? Der junge Mann hatte ihm schließlich nichts getan. Doch alles war so merkwürdig an diesem Ort. Vielleicht war der *Instant*-Millionär ja ein Verrückter, der seine wahren Absichten hinter dem äußeren Anschein von Gutherzigkeit verbarg.

Der junge Mann geriet in eine unglaubliche Verwirrung. Er war sich nur noch über eins im klaren: Ob es sich nun um einen Scherz handelte oder nicht, er würde mit Gewißheit keinerlei Risiken eingehen. Er würde sich aus dem Staub machen – seinen Scheck ebenso vergessen wie das Geheimnis und die magischen Theorien, mit denen der Millionär sein naives Gemüt in Feuer und Flammen versetzt hatte.

Er ließ den Brief zu Boden fallen und wandte sich zur Tür – doch die war fest verriegelt. Panik ergriff ihn. Er rüttelte am Türgriff und versuchte, die Tür mit Gewalt zu öffnen, doch vergeblich. Diesmal war der Millionär aber wirklich zu weit gegangen!

Der junge Mann geriet völlig außer sich. Er rannte zum Fenster und sah den Millionär im Garten arbeiten. Ohne auch nur im geringsten nachzudenken, ob er sich vernünftig verhielt, begann er aus Leibeskräften zu brüllen. Keine Antwort. Er brüllte noch lauter. Wieder nichts. War der Millionär taub? Er schien doch sonst ganz gut zu hören. Dann betrat der Butler den Garten. Der junge Mann rief mit lauter, hysterischer Stimme nach ihm – doch es war so, als würde er im luftleeren Raum sprechen.

Sie konnten doch unmöglich beide taub sein. Wieder begann er zu schreien. Ein anderer Dienstbote tauchte ein paar Schritte hinter dem Butler auf. Auch er beachtete die Hilferufe des Gefangenen überhaupt nicht. Der junge Mann wurde immer verzweifelter. Dies war sicher ein teuflisch ausgeheckter Plan, und er war dem Feind genau in die Hände gefallen.

Er dachte wieder an Flucht durch das Fenster, wie schon beim erstenmal, als er eingesperrt war. Doch das sah immer noch ziemlich riskant aus – er würde sich das Genick brechen. Plötzlich fiel sein Blick auf das Telefon. Was war er doch für ein Idiot! Warum hatte er nicht schon vorher daran gedacht? Wen sollte er anrufen? Die Polizei? Was aber, wenn alles in Ordnung wäre und sie ihn anzeigten, weil er sie zum Narren gehalten habe?

Er wählte die Nummer der Auskunft. Die Stimme am anderen Ende der Leitung klang höchst ungewöhnlich, doch auf seine Frage hin erhielt er die Nummer der nächsten Polizeiwache. Rasch wählte er erneut, doch er bekam ein Besetztzeichen. Welch ein entnervendes Geräusch! Er wählte wieder. Noch immer besetzt. Heute hatte er aber wirklich kein Glück. Er versuchte es noch einmal. Plötzlich bemerkte er, daß die Nummer, die er wählte, genau vor ihm auf dem Telefon zu lesen war, das er die ganze Zeit über benutzte. Er rief in seinem eigenen Zimmer an. Er hatte sich täuschen lassen!

Wieder versuchte er vergeblich, die Tür gewaltsam zu öffnen. Also ging er zum Fenster zurück. Da gewahrte er einen Mann, der sich dem Haus näherte. Er trug einen weiten, schwarzen Umhang und einen großen, breitrandigen Hut.

Der junge Mann bekam entsetzliche Angst. Wer sonst als ein für ihn gedungener Mörder konnte das sein? Er war wie eine Ratte gefangen. Er würde sterben – es gab keinen Ausweg.

Bald schon konnte er Fußschritte hören, die langsam auf seine Tür zukamen. Er hatte recht gehabt. Seine Zeit war endgültig abgelaufen. Er zog sich von der Tür zurück und suchte rechts und links nach einem Gegenstand, um sich verteidigen zu können. Er hörte, wie sich der Schlüssel im Schloß drehte. Die Klinke bewegte sich, die Tür öffnete sich. In der Türöffnung stand ein düsterer schwarzer Schatten, der sich rasch in die handfestere Gestalt eines Mannes verwandelte. Zuerst sagte er kein Wort und stand so regungslos wie eine Statue da. Plötzlich fuhr er mit seiner Hand in die Tasche. Der junge Mann glaubte schon, daß er nun eine Waffe hervorholen würde, doch statt dessen zog der geheimnisvolle, beunruhigende Fremde einen Brief heraus. Gleichzeitig schob er die Krempe seines Hutes ein wenig zurück, und der völlig hypnotisierte junge Mann, der atemlos schon mit dem Schlimmsten rechnete, erblickte darunter das etwas boshafte Gesicht des Millionärs.

»Du hast deinen Brief im Garten vergessen«, sagte der *Instant*-Millionär, dessen Verkleidung dem erleichterten jungen Mann nun recht belustigend erschien. »Hast du die Broschüre gefunden, wovon ich dir erzählt habe?«

»Nein, aber statt dessen habe ich das gefunden«, erwiderte der junge Mann, der jetzt durch den liebenswürdigen Tonfall des Millionärs ganz beruhigt war, bückte sich und hob den Brief vom Boden auf.

»Was bedeutet eigentlich diese groteske Szenerie, die Sie gerade aufgeführt haben?« fragte er dann. »Deswegen könnte ich Sie nämlich verklagen . . .«

»Aber . . . das sind doch nur Worte, ein paar auf Papier gekritzelte Worte. Würdest du mich wirklich wegen eines lächerlichen Fetzens Papier vor Gericht bringen? Hast du mir nicht gesagt, du würdest nicht an die Macht von Worten glauben? Sieh nur, in welchem Zustand du dich befindest . . .«

Schlagartig wurde dem jungen Mann klar, wovon der Millionär sprach.

»Ich wollte dir nur rasch eine kleine Lektion erteilen. Die Erfahrung ist eine weitaus bessere Lehrerin als reine Theorie. Mit anderen Worten, Erfahrung ist Leben. Wie sagte schon Goethe? Grau ist die Farbe der Theorie, und Grün die Farbe vom Baum des Lebens.

Erkennst du nun die Macht, die Worte haben können?« fuhr er fort. »Und noch etwas: Ihre Macht ist so groß, daß sie nicht einmal wahr sein müssen, um eine Wirkung auf Menschen zu haben. Ich versichere dir, daß ich zu keinem Zeitpunkt irgendwelche verbrecherischen Absichten dir gegenüber gehegt habe.«

»Wie sollte ich das wissen?« fragte der junge Mann, der sich allmählich beruhigte.

»Du hättest deinen Verstand benutzen und die Dinge logisch durchdenken können. Warum in aller Welt hätte ich dich töten sollen? Du hast mir niemals etwas Böses zugefügt. Und selbst wenn – ich hätte nie den Wunsch gehabt, es dir heimzuzahlen. Ich will nichts anderes als frei dafür sein, meinen Rosengarten zu pflegen, der nur ein schwacher Abglanz des herrlichen Gartens ist, der auf mich wartet. Du hättest deinem logischen Verstand vertrauen sollen: Doch hast du nicht bemerkt, wie machtlos Logik in einer derartigen Situation ist? Als du uns vom Schlafzimmerfenster aus zugerufen hast und wir so taten, als ob wir nichts hörten, warst du echt verzweifelt. Es war nicht dein Fehler, eine Drohung zu lesen, die reine Erfindung war, sondern daran zu glauben. Damit hast du instinktiv einem der wichtigsten Gesetze gehorcht, die den menschlichen Geist lenken. Wenn Einbildungskraft und logisches Denken sich in Konflikt miteinander befinden, behält die Einbildungskraft fast immer die Oberhand. Dein schlimmster Fehler war, den Kopf wegen einer Drohung zu verlieren, die nicht einmal für dich bestimmt war.«

Dann ging der Millionär zu dem Drucker, hielt ihn an und zog das Blatt Papier heraus. Er zeigte es dem jungen Mann, der völlig entgeistert war, weil er nicht einmal bemerkt hatte, daß die Drohung nichts mit ihm zu tun hatte. Oben auf der Seite stand: *Heinz Kunz.* Der junge Mann fühlte sich ziemlich beschämt. Er hatte die ganze Geschichte auf einem reinen Produkt seiner Einbildung aufgebaut.

KAPITEL 9

Worin dem jungen Mann zum erstenmal das Herz der Rose gezeigt wird

Du hast heute viele wichtige Dinge gelernt«, sagte der Millionär zu dem jungen Mann, »und du hast sie nicht nur mit dem Kopf, sondern auch mit dem Herzen verstanden. Du weißt jetzt, daß Worte einen tiefen Einfluß auf unser Leben nehmen können, ob wir dies wollen oder nicht. Die Drohung, die der Computer ausdruckte, hat nicht einmal dir gegolten, und doch hat sie dich unnötigerweise in Panik versetzt . . . aber eigentlich nicht ganz unnötig, denn du hast eine wertvolle Lektion gelernt. Ein Gedanke kann uns selbst dann beeinflussen, wenn er falsch ist, wir müssen ihn nur für wahr halten. Wenn wir jedoch den Wert eines Gedanken unterscheiden lernen, das heißt, den Wert, den wir ihm zuschreiben, dann gewinnt unser Geist seine Klarheit wieder oder bewahrt seine Ruhe. In der Tat hat jene Drohung erst durch deinen Geist eine Bedeutung bekommen, denn wäre sie in einer fremden Sprache verfaßt worden, die du nicht verstanden hättest, so würdest du ihr nicht die geringste Beachtung geschenkt haben.«

Der Millionär schwieg, um dem jungen Mann ein wenig Zeit zum Nachdenken zu geben. Nach einer Weile sprach er weiter: »Erinnere dich in Zukunft jedesmal an diese Drohung, wenn du dich einem Problem gegenübersiehst – und der Weg zum Erfolg ist mit Hindernissen übersät. Sag dir selbst, daß das Problem, mit dem du konfrontiert bist, ebensowenig mit dir zu tun hat wie jene Drohung. Das könnte dir vielleicht übertrieben erscheinen, denn schließlich bist *du* ja derjenige, der sich mit dem Problem auseinandersetzen muß. Achte einfach darauf, daß du nicht die dadurch erzeugte Besorgnis auf dich nimmst, lenke sie in eine andere Richtung. Ich weiß nicht, ob ich mich dir verständlich machen kann. Laß ein Problem niemals solche Bedeutung in deinen Augen bekommen, daß es dich traumatisch verfolgt. Wenn du diesen Punkt erreicht hast — und ich versichere dir, das ist nicht einfach –, dann wirst du dir damit eine unschätzbare Fähigkeit erworben haben und all deine Träume erfüllen können. Ich möchte jedoch eine Warnung aussprechen: Die Reise wird lang und mühsam sein, bevor es dir gelingt, dies zu beherrschen. Doch du darfst niemals aufgeben. Ich verspreche dir, daß es der Zeit und Mühe wert ist. Und hoffentlich könntest du eines Tages sogar begreifen, daß dies das eigentliche Ziel des Lebens und alles übrige bedeutungslos ist.«

Nach diesen Mitteilungen verstummte der Millionär. Er schien in seine Gedanken vertieft, und seine Augen waren von Traurigkeit erfüllt. Trotzdem fügte er noch ein paar Worte hinzu, so als wären sie die Schlußfolgerung aus allem, was er bisher gesagt hatte: »Das Leben kann ein Rosengarten sein oder die Hölle auf Erden, das hängt von deiner Geistesverfassung ab. Denke an die Rose. Verliere dich jedesmal, wenn ein Problem auftaucht, im Herzen einer Rose. Und denke daran, daß jene Drohung sich an einen anderen gerichtet hat. Wenn du es willst, werden auch die Probleme nicht dir gelten.«

Auf die folgenden Worte legte er besonderen Nachdruck: »Die meisten Leute können nicht verstehen, was ich gerade gesagt habe. Sie halten es für reinen Optimismus. Doch es geht viel tiefer als das: Es handelt sich um eines der Grundprinzipien unseres Geistes. Für den, der Böses nicht sehen kann, existiert Böses nicht. Die Welt ist nur ein Spiegelbild deines inneren Selbst, deine Lebensumstände sind nur ein Widerschein deines inneren Lebens. Wenn nichts in dir Probleme oder Negatives anzieht, dann kann dich nichts Böses treffen und auch keine Gefahr bedrohen. Bekräftige ständig in dir die Affirmation, daß Böses nicht existiert, und konzentriere dich auf das Herz der Rose. Du wirst darin Wahrheit und die Intuition finden, die du als Führung durch dein Leben brauchen wirst. Und du wirst auch etwas in der Welt ganz Seltenes darin entdecken: Liebe zu allem, was auch immer du tust, und Liebe zu anderen. Das ist das zweifache Geheimnis von wahrem Reichtum.«

KAPITEL 10

Worin der junge Mann sein Unbewußtes zu beherrschen lernt

Nach dieser langen und aus dem Herzen kommenden Erklärung wirkte der alte Millionär erschöpft und schwieg eine Zeitlang. Als er schließlich weitersprach, war er sorgsam darauf bedacht, jedes Wort zu unterstreichen.: »Darum ist die Formel, die ich dir gegeben habe, so kraftvoll und wirksam. Selbst wenn du es am Anfang für höchst unwahrscheinlich hältst, jemals Millionär zu werden, wirst du es tatsächlich werden können. Verfahre mit der Formel einfach genauso, wie du es mit dem Brief getan hast. Akzeptiere ihre Aussage als die Wahrheit, denn das größte Geheimnis aller erfolgreichen Unternehmungen ist der Glaube daran, daß du etwas erreichen kannst, wenn du es nur willst.«

»Mein einziges Problem ist nur, daran zu glauben, daß ich innerhalb von sechs Jahren Millionär werden kann. Im Falle des Briefes habe ich mich hinters Licht führen lassen und den Kopf verloren. Doch bei dieser Formel handelt es sich um eine völlig andere Sache.«

»Selbst wenn du nicht an die Formel glaubst, wird sie auf dich einzuwirken beginnen. Je mehr du sie verinnerlichst, desto größer wird ihr Einfluß werden. Das hat den Vorteil, daß du nicht dein logisches oder bewußtes Denken überzeugen mußt. Denke nur an die Drohung. Sie erschien dir absurd, und dies mit gutem Grund, doch sie war sozusagen stärker als du. Ein Teil von dir – deine Einbildungskraft – hat sie als Realität angenommen. Und eben diese Einbildung oder Phantasie wird von manchen auch als *Unbewußtes* bezeichnet. Das ist der verborgene Teil deines Geistes, der weitaus mächtiger und einflußreicher als der sichtbare Teil ist. Ich könnte dir stundenlang von der Theorie des Unbewußten erzählen. Doch du brauchst nur zu wissen, daß das Unbewußte äußerst empfänglich für die Macht von Worten ist. Weißt du jetzt, warum du solche Schwierigkeiten dabei hast, an die höchst einleuchtende und begründete Wahrheit zu glauben, daß du in weniger als sechs Jahren Millionär werden kannst?«

»Nein, das weiß ich leider nicht.«

»Nun, es ist eine unumstößliche Tatsache, daß sich jahrelang Sätze und Gedanken, also Worte, deinem Unbewußten eingeprägt haben, und zwar sehr tief. In der Tat ist jede Erfahrung, jeder Gedanke, der dir jemals gekommen ist, jedes Wort, das du jemals gehört hast, unauslöschlich in dein Unbewußtes geschrieben. Auf die Dauer wird dieses erstaunliche Gedächtnis zu dem Bild, das du dir von dir selbst machst, und damit zum Ausdruck deines Selbstwertes. Ohne daß es dir bewußt ist, haben deine früheren Erfahrungen und der innere Monolog, den du mit dir selbst hältst, dich davon überzeugt, daß du von deiner Persönlichkeit her nicht der Typ dafür bist, Millionär werden zu können – selbst wenn du, objektiv gesehen, alle Qualitäten besitzt und dir dies leichter fallen wird, als du dir vorstellen kannst. Wie bei jedem anderen auch, ist das Bild, das du von dir selbst hast, von so starkem Einfluß, daß es unwillkürlich zu deinem Schicksal wird. Die äußeren Umstände stimmen schließlich erstaunlich genau mit dem Bild überein, das du von dir selbst hast. Damit du reich werden kannst, mußt du dir ein neues Bild von dir selbst erschaffen.«

»Ich bin sicher, daß mir dies gelingt, aber damit ist mein Problem immer noch nicht gelöst. Ich bin wirklich bereit dazu, diese ganzen Theorien zu akzeptieren. Der einzige Haken daran ist nur, daß ich nicht kapieren kann, wie ich mich selbst davon überzeugen soll, daß ich Millionär werden kann.«

»Das ist doch ganz einfach, merkst du es denn nicht? Denke nur an die Drohung, die du vor kurzem erlebt hast. Sie war nicht echt, und doch hat sie dich so beeinflußt, als wäre sie es gewesen. Du brauchst nichts anderes zu tun, als dich selbst in der gleichen Weise zu überlisten. Dein Unbewußtes wird auch nicht klüger als vorher sein. Als Kind, und auch noch danach, hast du jedesmal, wenn du eine Vermutung aufgegriffen hast – selbst wenn sie falsch war – im Grunde genommen dein Unbewußtes überlistet. Oder du hast es jedenfalls dazu gezwungen, etwas zu akzeptieren, was offenkundig nicht der Wahrheit entsprach. Jetzt wirst du genau dasselbe tun. Dein Unbewußtes kann willentlich beeinflußt werden. Ist dies einmal in der von dir gewünschten Richtung geschehen, was eigentlich ein Kinderspiel ist, dann wirst du genau das erreichen können, was du dir vom Leben wünschst. Warum? Weil dein Unbewußtes davon überzeugt ist, daß du all diese Dinge tatsächlich erreichen *kannst.* Dies wird es auf dieselbe Weise als Wahrheit akzeptieren, wie es jetzt die Tatsache hinnimmt, daß du nicht mehr erreichen kannst. Das stimmt mit dem überein, was ich schon früher gesagt habe: Der Mensch ist die Widerspiegelung der Gedanken, die in seinem Unbewußten gespeichert sind.«

Da der Millionär spürte, daß der junge Mann ihm mit wachsendem Interesse zuhörte, beschloß er, weiterzusprechen. »Das Wichtigste dabei ist, sich selbst einzureden, daß etwas wahr ist. Dies hat eine Wirkung auf das Unbewußte, weil dieses, wenn es auch sehr einflußreich sein mag, doch nicht zwischen Wahrheit und Unwahrheit unterscheiden kann. Erinnere dich an die Drohung, die du heute vormittag erhalten hast. Dein Unbewußtes konnte objektive Wahrheit und Unwahrheit nicht auseinanderhalten – und es hat auf eine ganz bestimmte Art und Weise reagiert. Wäre dein Geist nicht auf die in jenem Brief enthaltene Suggestion eingegangen – hätte er sozusagen die Tür zum Unbewußten verschlossen –, dann würdest du auch nicht jene heftige Reaktion gezeigt haben, wie du sie erlebt hast. Du wärest vollkommen ruhig geblieben und hättest abgewartet, bis sich die Situation von selbst geklärt hätte.«

»Ja, das ist richtig, aber was passiert, wenn ein Konflikt zwischen meinem Bewußtsein und dem Unbewußten besteht? Was passiert, wenn mein bewußter Geist sich weigert, die Vorstellung von Reichtum zu akzeptieren?«

»Die einzige Lösung dafür, und außerdem die beste und zweifellos die schnellste, ist Wiederholung.«

»Wiederholung?«

»Das stimmt schon. Diese Technik wird gewöhnlich als Autosuggestion bezeichnet. Wir alle sind ihr unser ganzes Leben lang ausgesetzt. Tagtäglich werden wir von inneren und äußeren Suggestionen beeinflußt. Der innere Monolog, den jeder von uns unaufhörlich mit sich selbst hält, prägt unser Leben. Manche von uns sagen sich immer wieder selbst, daß sie niemals Erfolg haben werden, weil sie aus einer Familie von Versagern stammen oder weil sie Fehlschläge erlitten haben, die in ihren Augen endgültig erscheinen. Damit werden wir von Mißerfolg zu Mißerfolg getrieben – und zwar nicht, weil es uns an den zum Erfolg notwendigen Qualitäten mangelt, sondern weil wir uns unbewußt ein solches Bild von uns selbst machen.

Manche Männer glauben beispielsweise, daß sie niemals anziehend auf Frauen wirken können«, fuhr der Millionär fort, »und doch fehlt es ihnen einfach nur an Charme. Aus irgendeinem Grund meiden Frauen sie wie die Pest. Die Macht des Bildes, das sie von sich selbst haben und in dem sich ihr Unbewußtes widerspiegelt, ist auch dafür verantwortlich, denn es führt die Umstände herbei, die Frauen vor solchen Männern davonlaufen lassen.

Doch die Wiederholung von negativen Formeln«, sagte er abschließend, »die eine außerordentlich starke Wirkung auf unser Leben haben, kann auch auf andere Art und Weise genutzt werden. Und genau das wollen wir jetzt tun. Das Unbewußte ist wie ein Sklave, der uns beherrschen kann, weil er ungeheuer mächtig ist. Doch es ist auch blind, und du mußt lernen, wie du es überlisten kannst.«

Es wäre zuviel gesagt, wollte man behaupten, daß der junge Mann alles begriff, was der Millionär ihm erklärte; doch der allgemeine Eindruck, den er vermittelt bekam, schien ihn positiv zu beeinflussen. Er spürte, daß der alte Mann den Finger auf sein Problem legte, und er wollte unbedingt mehr darüber herausfinden.

»Das Schöne an dieser Theorie ist, daß du nicht wirklich daran glauben mußt, um sie anzuwenden«, sagte der Millionär. »Aber damit du Ergebnisse erzielst, mußt du sie in die Praxis umsetzen — denn sie werden sich nicht auf magische Weise von selbst einstellen. Doch das Geheimnis ist einfach: Alles beruht auf Wiederholung. Selbst wenn du zuerst nicht daran glaubst, probier es aus – zumindest einige Tage lang. Das reicht aus, damit du ihre Wirkungen zu spüren beginnst.

Diese Formel könnte dir sehr simpel oder sogar zu stark vereinfachend erscheinen«, fuhr er fort. »Doch laß mich dir sagen, daß es sich dabei um das mächtigste Geheimnis auf der Erde handelt. Erinnere dich an die ersten Worte der Bibel: ‚Am Anfang war das Wort'. Das Wort hat hier die Bedeutung von ‚Sprache' oder ‚Rede'. Wenn du es dir nicht bewußt machst, daß Autosuggestion eine wichtige Rolle in unserem Leben spielt, dann wird sie häufiger gegen dich als für dich arbeiten. Wenn du dich umgekehrt aber dazu entschließt, sie zu gebrauchen, dann wird dir ihre gesamte geballte Kraft zur Verfügung stehen.«

»Na gut, ich glaube, Sie haben mich überzeugt – obwohl ich, um ehrlich zu sein, immer noch vieles an dieser Theorie nicht verstehe«, sagte der junge Mann.

»Macht nichts. Jetzt werden wir an das gehen, was du zu tun hast. Wieder einmal könnte dir dies am Anfang zu leicht erscheinen, doch dein Urteil muß auf den Ergebnissen beruhen, die du erzielst, und nicht auf Kriterien, die dein Verstand anlegt . . .«

KAPITEL 11

Worin der junge Mann und sein Ratgeber über Zahlen und Formeln sprechen

Nun ließ sich der Millionär am Schreibtisch nieder und forderte den jungen Mann dazu auf, sich neben ihn zu setzen. Er nahm ein Blatt Papier und einen Füllfederhalter heraus und zeichnete nebeneinander eine Reihe von Zahlen auf. »So könnte deine Formel aussehen«, erklärte er. Folgendes hatte er hingeschrieben: Am Ende dieses Jahres will ich ein Haben im Wert von 31.250 Mark besitzen. Jährlich will ich dieses Haben für die Dauer von fünf Jahren verdoppeln, dann (und hier hatte er eine leere Stelle gelassen) will ich Millionär sein.

»Du darfst Haben und Einkommen nicht miteinander verwechseln«, sagte er zu dem jungen Mann. »Dein Haben oder dein Vermögen ist das, was du übrigbehältst, nachdem alle Steuern und laufenden Rechnungen ganz bezahlt sind. Dazu könnten Vermögensanlagen, Firmenanteile, Ersparnisse bei einer Bank oder Bausparkasse gehören. Wenn du nun in sechs Jahren Millionär sein willst, was ich dir als realistisches Ziel vorschlage, dann muß deine Formel nach diesem Muster aufgestellt werden. Wenn du am Ende des ersten Jahres ein Vermögen im Wert 31.250 Mark besitzt und es jährlich verdoppelst, dann wirst du in sechs Jahren Millionär sein!

Warum sollst du dein Vermögen jedes Jahr ausgerechnet verdoppeln? Weil dies ein einfacher Vorgang ist, mit dem dein Unbewußtes leichter umgehen kann, und du kannst dich besser daran erinnern. Außerdem garantiert dir das ein ständiges Wachstum.

Diese Formel ist faktisch dann für dich verbindlich, wenn du innerhalb eines Zeitraums, der nicht länger als sechs Jahre ist, Millionär sein willst. Doch vielleicht könnte es dir nicht gelingen, bis zum Ende des ersten Jahres ein Gesamtguthaben von 31.250 Mark zu erwerben, das du dann im zweiten Jahr verdoppeln kannst. Wenn dir dieser Betrag als Ausgangspunkt zu hoch erscheint, solltest du dir ein weiteres Jahr Zeit lassen. Es ist immer noch ganz ordentlich, in sieben Jahren Millionär zu werden! Dein Ziel wird dann im ersten Jahr 15.625 Mark betragen. Glaub mir, wenn ich dir versichere, daß dies ganz und gar nicht unerreichbar ist. Und wenn du davon überzeugt bist, daß du nach Ablauf des ersten Jahres einen hübschen Notgroschen von 15.625 Mark besitzen kannst, dann *wirst* du ihn auch tatsächlich haben. Und wenn dir auch das noch zu hochfliegend erscheint, dann gib dir ein weiteres Jahr, also insgesamt acht. Damit beläuft sich dein Ziel für das erste Jahr auf 7.812,50 Mark.

Mit deiner Formel: *Ich will Millionär sein am* . . . und dann fügst du dementsprechend Tag, Monat und Jahr ein, wirst du dir auch kurzfristige Ziele setzen müssen – Markierungspunkte, die dir zur Motivierung während deiner Reise dienen. Und selbstverständlich ist ein jährlich abgestecktes Ziel von grundlegender Bedeutung. Am wichtigsten ist jedoch, daß du deine Ziele auf ein Blatt Papier schreibst. Nimm dir einen Bleistift und spinne mit Zahlen und Jahren herum. Hab keine Angst davor, es kann dir nicht schaden. Wenn du mit solchen Geldbeträgen herumspielst, werden sie dir immer vertrauter. Tausende von Menschen wollen reich werden, und doch ergreift nicht einer von hundert die Initiative, die Route abzustecken, die er einzuschlagen beabsichtigt, um sein Ziel zu erreichen. Mach es anders! Erstelle deine Pläne und Tabellen. Arbeite Kartenprojektionen aus, bis du den Plan gefunden hast, der für dich geeignet ist. Das wird *dein Plan* sein. Benutze als Anregung die Beispiele, die ich dir genannt habe, doch laß dann deiner Vorstellungskraft freien Lauf. Am Anfang mußt du davon träumen, daß du reich wirst. Du mußt wissen, wie du deinen

Traum dadurch quantitativ bestimmen kannst, daß du ihn in Geldsummen und Zeitangaben umsetzt. Das Jonglieren mit Zahlen sollte in der Tat die erste Übung für dich sein. Bald wirst du erkennen, was dieses kleine Spiel dir über dich selbst verraten wird. Die einfache Tatsache, deine Ziele, Endtermine und Geldsummen auf ein Blatt Papier zu schreiben, ist der erste Schritt dahin, dein Wunschbild in seine materielle Entsprechung umzuwandeln.

Jeder, der an dem ehrgeizigen Ziel festhalten will, in fünf oder zehn Jahren Millionär zu werden, muß den folgenden Sachverhalt berücksichtigen: Wenn er gegenwärtig 40.000 Mark im Jahr verdient und nicht mehr als, sagen wir mal, zehn Prozent an Gehaltserhöhung im Jahr erwarten kann, dann wird er niemals Millionär werden, wenn er diesen Job behält und außerdem nicht noch einen Nebenerwerb hat.

Soweit ist daran nichts Dramatisches oder Verwerfliches. Es ist lediglich eine objektive Beobachtung. Die Formel, dein Vermögen jedes Jahr zu verdoppeln oder dein Haben in bezug auf das vergangene Jahr zu vergrößern, ist selbstverständlich nicht die einzige Methode, um Millionär zu werden. Doch das darin enthaltene Geheimnis, das heißt, ein quantitativ bestimmtes Ziel mit einem festgesetzten Betrag und Stichtag, ist für jeden gültig, der Erfolg haben will. Du könntest beispielsweise bloß dein Einkommen um 5.000 Mark pro Jahr erhöhen wollen. Wenn du jetzt 45.000 Mark verdienst, würdest du wahrscheinlich gern 50.000 Mark verdienen, um dir ein paar weitere Annehmlichkeiten leisten zu können. Oder vielleicht verdienst du auch schon 50.000 Mark und würdest gern 60.000 Mark haben, damit du dir um Hypothekenzahlungen für dein Haus keine Sorgen machen mußt. Und du könntest dir vielleicht auch ein neues Auto leisten.

Für diesen Zweck ist die Formel genauso einfach. Du mußt dir nur immer wieder selbst sagen: *In diesem Jahr will ich mein Einkommen um 5.000 bzw. 10.000 Mark erhöhen*

In diesem Jahr will ich den Grundstein für mein Haus legen

und werde dann 50.000 bzw. 60.000 Mark verdienen. Du brauchst vorher nicht zu wissen, wie du das bewerkstelligen wirst. Du mußt dir lediglich klar darüber werden, wenn du dir in deinem gegenwärtigen Job nicht mehr als eine zehnprozentige Gehaltserhöhung im Jahr erhoffen kannst und nicht zusätzlich noch als Nachtwächter arbeiten willst, daß du entweder eine Beförderung durchsetzen oder die Stelle wechseln mußt, um dein Ziel zu erreichen. Das mag dir selbstverständlich erscheinen, aber Tausende von Menschen hoffen auf eine Verbesserung ihrer materiellen Situation und tun absolut nichts dafür. Geschieht dies aus Unwissenheit? Oder kommt es daher, weil sie im Grunde genommen mit ihrer Situation zufrieden sind, auch wenn sie sich tagaus, tagein darüber beklagen?

Wenn du einmal festgestellt hast, daß du dein Leben verändern mußt, um dein Ziel zu erreichen, könntest du dir möglicherweise sagen, daß du nichts in Aussicht hast. Und du könntest dich auch fragen, wie zum Teufel du jene zusätzlichen 5.000 oder 10.000 Mark verdienen sollst, die du brauchst. Mach dir keine Sorgen, das ist kein ernstliches Problem. Es kommt nur darauf an, daß dein Unbewußtes ganz von deinem Ziel durchdrungen ist. Du brauchst nur ordnungsgemäß den und den Betrag und einen bestimmten Stichtag aufschreiben – dein Unbewußtes wird dann schon alles übrige besorgen. Da es dir klargeworden ist, daß die Dinge nicht von selbst besser werden, solltest du ohne das geringste Zögern jede günstige Gelegenheit oder glückliche Chance ergreifen. Laß dich nicht durch Furcht lähmen, die so viele Menschen daran hindert, ihre Träume im Leben zu verwirklichen.

Wenn du dein Unbewußtes richtig programmierst, wird es Wunder für dich tun. Wenn du ihm den Befehl erteilt hast, dein Einkommen um 10.000 Mark zu erhöhen, wird es ihn definitiv ausführen. Erinnere es täglich daran, damit dieser Auftrag zu einer fixen Idee wird und es alle Hindernisse aus dem Weg räumt, um sein Ziel zu erreichen. So sind die magischen Kräfte des Unbewußten beschaffen, wenn es eine quantitativ bestimmte Ausrichtung erhält. Du hast nur die Aufgabe, alle Einzelheiten richtig festzulegen.

Achte darauf, wenn du dir deine Ziele schaffst, daß die meisten Leute übervorsichtig sind. Warum ist das so? Weil sie ein äußerst geringes Selbstwertgefühl haben.« An dieser Stelle in seinen Ausführungen hielt es der Millionär für passend, seine Theorie durch eine kurze persönliche Anekdote zu verdeutlichen.

»Vor einigen Jahren«, flüsterte er dem jungen Mann vertraulich zu, »dachte ich daran, für eine meiner Firmen einen Geschäftsführer einzustellen. Ich hatte ausgerechnet, daß ich bereit dazu wäre, ihm als Jahresgehalt 90.000 Mark anzubieten. Als der Zeitpunkt kam, wo wir über seine Bezahlung sprachen, sagte er mit ziemlich gepreßter und nervöser Stimme zu mir: ‚Alles, was unter 60.000 Mark liegt, würde für mich nicht in Frage kommen.'

Nach einer längeren Pause sagte ich, so als würde ich ein größeres Zugeständnis machen: ‚In Anbetracht Ihres Lebenslaufs bin ich mit 60.000 Mark einverstanden.'

Würde er 70.000 Mark verlangt haben, dann hätte ich sie ihm auch bezahlt, und das gleiche gilt für 80.000 und sogar 90.000 Mark, denn ihm das zu bezahlen, war ich selbst schon vor dem Interview bereit gewesen. Außerdem hatte mir der Verlauf unseres Gespräches so zugesagt, daß ich sogar diesen Betrag noch auf 100.000 Mark erhöht hätte. Somit hatte sich der Mann, den ich engagierte, in wenigen Augenblick selbst um 40.000 Mark pro Jahr gebracht. Das ist eine Menge Geld. Überleg doch nur mal – allein in den ersten zehn Jahren beläuft sich dies auf eine Gesamtsumme von 400.000 Mark!

Warum hatte er dieses Geld eingebüßt? Einfach nur deshalb, weil er selbst nicht daran glaubte, 100.000 Mark im Jahr wert zu sein. Ich muß gestehen, daß ich, nachdem ich seine Gehaltsvorstellungen gehört hatte, für den Bruchteil einer Sekunde zögerte und ihn fortschicken wollte, ohne ihm den Job zu geben. Er selbst befand sich in der besten Position, seinen eigenen Wert einzuschätzen, und hatte mir gerade mitgeteilt, daß seine Fähigkeiten als Geschäftsführer nur 60.000 Mark wert seien, während ich nach jemandem suchte, der 90.000 Mark wert war. Hatte ich die falsche Wahl getroffen? Die Zukunft bestätigte mir, daß ich mit ihm die richtige Wahl getroffen und außerdem eine Menge Geld gespart hatte. Sein Problem war, daß es ihm an Selbstvertrauen mangelte und er seinen tatsächlichen Wert zu gering einschätzte. Im Laufe der Jahre setzte er sich mehr und mehr mit diesem Problem auseinander. Das kostete mich einige Gehaltserhöhungen, aber sie waren ihr Geld wert . . .

Von diesem einfachen Beispiel solltest du im Gedächtnis behalten, daß ich mit jenem Manager so verfahren bin, wie das Leben mit jedem von uns verfährt. Das Leben gibt uns genau das, was wir von ihm erwarten. Nicht mehr und nicht weniger. Wir vergessen jedoch leicht, daß es im allgemeinen dazu bereit ist, uns viel mehr als das zu geben, was wir uns vorstellen oder was wir gewöhnlich verlangen.

Jetzt habe ich aber eine Menge geredet«, sagte der Millionär abschließend. »Was fängst du mit all dem an, junger Mann?«

»Es klingt zu schön, um wahr zu sein«, wandte dieser ein, obwohl er jedes Wort, das der Millionär gesagt hatte, in sich aufgesogen hatte.

»Und doch ist es genau diese einfache kleine Methode, und nichts anderes«, entgegnete jener, »mit deren Hilfe ich zum Millionär geworden bin und die dasselbe auch bei all jenen bewirkt hat, denen ich sie mitgeteilt habe. Worte sind äußerst machtvolle Mittel. Je gefestigter dein Charakter wird, desto mehr werden die Worte, die du äußerst, zu echten Beschlüssen werden. Jede Erklärung, die von tiefer innerer Überzeugung genährt und durch das Feuer der Wiederholung bekräftigt worden ist, wird immer rascher Gestalt annehmen.«

»Wenn ich höre, wie Sie Ihre Theorie umreißen, möchte ich manchmal gern wissen, ob es sich dabei nicht nur um ein Spiel handelt«, unterbrach ihn der junge Mann.

»Vielleicht. Du mußt einzig und allein die Übung machen. Niemand anders kann sie für dich tun. Du mußt deine Formel Tag und Nacht laut wiederholen, mindestens fünfzigmal oder auch mehr, wenn du kannst. Selbst hundertmal am Tag. Auch das muß geübt werden.«

»Sie müssen zugeben, daß dies eine gewisse Praxis erfordert.«

»Zuerst wirst du feststellen, daß dies nicht unbedingt leicht sein wird. Der Geist hat die Neigung, umherzuwandern. Nachdem du deine Formel zehnmal wiederholt hast, beginnst du an etwas anderes zu denken. Bringe deinen Geist zu seiner Aufgabe zurück und fang wieder bei Null an, bis du es schaffst, auf fünfzig zu kommen. Wenn du an einer so grundlegenden Form der Disziplin nicht festhalten kannst, solltest du lieber deinen Traum aufgeben, reich zu werden ... Diese Herausforderung ist mein Angebot an dich. Ich weiß, daß du es schaffen kannst. Du mußt nur Ausdauer haben und durchhalten können.«

»Warum muß die Formel laut wiederholt werden?«

»Das wird eine noch stärkere Wirkung auf deinen Geist haben. Die Weisung, die du deinem Unbewußten erteilst, scheint dann von außen zu kommen und damit noch mehr wie ein Befehl zu klingen. Sprich die Formel mit gleichbleibender, wohlmodulierter und deutlicher Stimme, wie eine Beschwörung oder ein *Mantra*. Mit der Zeit wird die Formel ihre eigene Lebendigkeit bekommen.«

Der junge Mann war von den Worten des Millionärs tief berührt. Der alte Mann lächelte nun nicht mehr, er sprach mit großem Ernst – fast so wie ein Orakel.

»Zuerst dürftest du dich durch den Klang deiner Stimme

und die Wiederholung der Formel ein wenig verlegen fühlen. Doch daran wirst du dich allmählich gewöhnen. Das Ziel, das du dir selbst gesteckt hast und das dir anfangs so vermessen vorkam, wird dir erreichbar und sogar lächerlich einfach erscheinen.«

»Glauben Sie nicht, daß ich in manchen Augenblicken versucht sein könnte, darüber zu kichern, wie absurd das Ganze ist?«

»In solchen Augenblicken mußt du noch mehr als sonst Ausdauer zeigen und durchhalten. Du mußt deine Zweifel überwinden. Denke an mich, im Geiste werde ich bei dir sein. Erinnere dich in den Augenblicken deines Zweifels daran, daß ich dir mein Wort gegeben habe. Es wird dir gelingen.«

»Wissen Sie das ganz sicher?« fragte der junge Mann, der immer noch nicht völlig überzeugt war.

»Warum sollte ich irgendwelche Zweifel daran haben? Du wirst ein *Instant*-Millionär werden, wie ich es geworden bin. Außerdem bist du schon einer geworden, da du nun das Prinzip begreifst und daran glaubst. Das geheime Gesetz des Lebens lautet, daß jeder, der die Wahrheit dieses Prinzips erkennt, große Energie und Freiheit erlangt. Es ist nur noch eine Sache der Zeit, bevor du auch in Wirklichkeit Millionär wirst. Du bist es schon in deinem Geist, und das ist am allerwichtigsten.«

»Aber ich besitze doch kaum einen Pfennig . . .«

»Dann wiederhole immer wieder die geheime Formel. Nach und nach wirst du wahrnehmen, daß eine Veränderung in dir eintritt. Dein Ziel wird dir immer selbstverständlicher erscheinen. Es wird auf genau dieselbe Weise zu einem Bestandteil deines Lebens werden, wie das begrenzte Bild, das du bisher von dir hattest, ein fester Bestandteil deines Wesens zu sein schien, auch wenn es sich dabei nur um ein abgegriffenes Produkt deiner Einbildung handelte. Was dein Geist in der Vergangenheit hervorgezaubert hat, kann auf eine neue Formel gebracht werden. Du wirst deine Zukunft so formen können, wie du es dir wünscht, und zuletzt dein eigenes Schicksal bestimmen. Hat nicht jeder diesen heimlichen Traum – auch wenn er es sich nicht eingesteht?«

Der junge Mann mußte ihm zustimmen. Er war von seinen Gefühlen überwältigt. Die Worte des alten Mannes schienen ihm nun viel bedeutungsvoller zu sein, als er dies zuerst angenommen hatte. Natürlich waren seine Methoden etwas merkwürdig. Aber wen kümmerte das schon, solange sie wirksam waren?

KAPITEL 12

Worin der junge Mann etwas darüber lernt, im Leben glücklich zu sein

»Um dir zu helfen und dich zu unterstützen«, sagte der *Instant*-Millionär zu seinem jungen Schüler, »werde ich dir jetzt noch eine andere, allgemeingültigere Formel geben. Du wirst daraus in deinem ganzen Leben sehr großen Nutzen ziehen. Sie wird dich innen wie außen verändern. Sie wird es dir sogar ermöglichen, wahren Reichtum zu erlangen – was nicht nur der Erwerb von materiellem Besitz ist. Sie ist viel umfassender, nämlich eine geistige Einstellung dem Leben gegenüber.

Ich möchte dir einen Rat geben«, fuhr er fort. »Natürlich wirst du mit Hilfe deiner Geld-Formel deine finanziellen Ziele erreichen und sie vermutlich sogar noch übertreffen können. Verliere aber auf deiner Suche nach Reichtum niemals die Tatsache aus den Augen, daß du, wenn du das Glück verlierst, alles verlierst. Das Streben nach Geld und Besitz kann leicht zu einer Zwangsvorstellung werden, die dich daran hindert, dich des Lebens zu erfreuen. So lautet auch der bekannte Spruch: ‚Denn was soll es einem Menschen nützen, wenn er die ganze Welt gewinnt und doch seine Seele verliert?' Diese Frage könnte von manchen als zu metaphysisch oder religiös belächelt werden. Doch nach meiner Überzeugung ist Geld ein ausgezeichneter Diener, aber ein tyrannischer Herr.«

»Sie meinen also, daß Glück und Geld sich nicht miteinander vertragen?«

»Ganz im Gegenteil! Aber du mußt sehr auf der Hut sein, damit dein Geist nicht völlig davon in Beschlag genommen wird. John D. Rockefeller, einmal der reichste Mann der Welt, wurde von der Last seiner Sorgen derart bedrängt, daß er mit fünfzig Jahren ein kleiner alter Mann und sozusagen zum Tode verurteilt war. Sein Magen war so angegriffen, daß er nur noch Brot und Milch vertragen konnte. Er lebte in ständiger Furcht, sein Geld zu verlieren und von seinen Geschäftspartnern betrogen zu werden. Geld war zu seinem Herrn geworden, und er konnte sich nicht einmal mehr daran erfreuen. In gewisser Hinsicht war er ärmer als ein einfacher Büroangestellter, der ein gutes Essen genießen konnte.«

»Zur gleichen Zeit, wo Sie mir Reichtum vor Augen führen«, sagte der junge Mann, »haben Sie die Gabe, mir einen Schrecken einzujagen.«

»Das ist aber nicht meine Absicht«, entgegnete der Millionär, »und die Formel, die ich dir jetzt geben werde, wird dir vermeiden helfen, in die Falle zu gehen, in welche die meisten Glückssucher geraten sind. Wer grundsätzlich ein Armutsbewußtsein behält, arbeitet schonungslos, um seine Ziele zu erreichen. Das erste Geld, das er verdient, ist Auslöser für seinen tiefsitzenden Ehrgeiz gewesen, der ihn dazu veranlaßt, nach immer mehr greifen zu wollen. Und wenn er schließlich anfängt, das große Geld zu machen, bekommt er plötzlich Angst davor, es zu verlieren.

Meine Formel ist einfach. Sie ist eine Abwandlung der berühmten Formel, die der französische Arzt Emile Coué für die Patienten seiner Klinik erdachte: *Mit jedem Tag geht es mir in jeder Hinsicht immer besser und besser.* Wiederhole diese Formel laut, fünfzigmal morgens und abends und während des Tages so oft, wie du kannst. Je häufiger du sie wiederholst, desto größeren Einfluß wird sie auf dich haben.«

Der unerfahrene junge Mann lauschte mit großen Ohren den Worten des alten Millionärs, der sein Leben an sich vorüberziehen sah: ein erfülltes Leben, das meistenteils glücklich gewesen war. Der junge Mann spürte, daß vor ihm der erste glückliche Mensch stand, dem er jemals in seinem Leben begegnet war.

»Die meisten Menschen wollen glücklich sein«, fuhr der

Millionär fort, »doch sie wissen nicht, wonach sie Ausschau halten. Und daher sterben sie unweigerlich, ohne es jemals gefunden zu haben. Und selbst wenn sie es fänden – da sie nicht wissen, wonach sie eigentlich suchen, woran sollten sie es überhaupt erkennen? Sie sind genau wie die Menschen auf der Jagd nach Reichtum, über die wir gestern gesprochen haben. Sie wollen wirklich reich sein, doch wenn du sie unvermittelt fragst, wieviel sie im Jahr verdienen möchten, können die meisten keine Antwort darauf geben. Wenn du nicht weißt, wohin du gehst, kommst du im allgemeinen nirgendwo an.«

Dies leuchtete dem jungen Mann völlig ein. Es war entwaffnend logisch. Warum in aller Welt war er vorher noch nie auf diesen Gedanken gekommen? Wahrscheinlich, weil er sich niemals die Zeit genommen hatte, einmal innezuhalten und darüber nachzudenken. Das war eindeutig ein Fehler gewesen. Er tat auf der Stelle den Schwur, in Zukunft viel mehr über alles nachzudenken.

»Glück ist natürlich auf millionenfach unterschiedliche Weise definiert worden«, fuhr der Millionär fort. »Für jeden, selbst für diejenigen von uns, die darüber nachgedacht haben, wird es mit einer großen Vielfalt von Dingen assoziiert. Ich will dir jedoch den Schlüssel zum Glücklichsein geben. Es handelt sich nicht um eine Definition und ist daher für jeden gültig. Mit diesem Schlüssel wirst du zu jedem Zeitpunkt deines Lebens ohne den geringsten Zweifel erkennen können, ob du glücklich bist – und ganz besonders, ob du etwas tust, was dazu beiträgt, dich glücklich zu machen. Was ich dir jetzt sage, könnte dich zuerst überraschen oder dir vielleicht etwas traurig vorkommen. Frage dich selbst: Wenn ich heute abend sterben würde, könnte ich mir dann selbst im Augenblick meines Todes sagen, daß ich alles ausgeführt hätte, was ich an diesem Tag erreichen wollte?«

Der junge Mann runzelte die Stirn. »Das verstehe ich nicht«, gestand er.

»Wenn du genau das getan hast, was du jeden Tag tun solltest, wie dein inneres Selbst es dir eingibt, dann wirst du dich frei fühlen, die Welt jeden Tag verlassen zu können. Damit du jedoch völlig sicher sein kannst, das zu tun, was du tun solltest, mußt du es gern tun. Wenn ein Mensch an dem, was er tut, keine Freude hat, ist er nicht glücklich. Er verbringt seine Zeit damit, Luftschlösser zu bauen, was er gern tun *würde.* Und da er in Wirklichkeit niemals das tut, wovon er träumt, führt kein Weg daran vorbei, daß er unglücklich ist. Und wenn ein Mensch nicht glücklich ist, dann ist er auch nicht bereit dazu, jederzeit zu sterben.«

»Ich habe kaum zu leben angefangen, und Sie sprechen mir schon vom Tod, so als wäre er nur einen Steinwurf entfernt«, antwortete der junge Mann sichtlich beunruhigt.

»Ich muß ehrlich zugeben, daß diese Philosophie auf den ersten Blick wie eine Philosophie des Todes erscheinen mag. Und doch ist dies, zu hundert Prozent, eine Philosophie des Lebens. Diejenigen, die niemals das tun, woran sie wirklich Gefallen finden, die sozusagen ihre Träume aufgegeben haben, zählen zu den lebendigen Toden. Um diese Philosophie zu verstehen, mußt du dir jene Frage noch einmal selbst stellen und sie vollkommen ehrlich beantworten. Wenn du lügst, wirst du dich nur selbst belügen und dieses Spiel verlieren. Wenn du wüßtest, daß du morgen sterben müßtest, würdest du dann deine Pläne für den heutigen Tag verändern? Würdest du nicht etwas anderes mit deinem Leben anfangen wollen als das, was du bisher getan hast?«

»Ich weiß es nicht genau.«

»Du würdest vermutlich damit anfangen, die notwendigen Vorkehrungen zu treffen: Du würdest dein Testament machen, wenn du das nicht schon getan hast, und deiner Familie und deinen Freunden Lebewohl sagen. Aber nehmen wir einmal an, daß all diese irdischen Pflichten dich nur eine Stunde beanspruchen würden – was würdest du mit den restlichen dreiundzwanzig Stunden anfangen? Stelle diese

Frage jedem, den du kennst. Die Antworten, die du erhältst, werden sich stets in zwei Gruppen einteilen lassen. Unglückliche Menschen, die sich ihres Lebens nicht erfreuen, werden dir sagen, daß sie etwas völlig anderes als sonst tun würden. Und du könntest sicher sein, daß sie die Wahrheit sagen – denn warum in aller Welt sollten sie weiterhin etwas tun, was ihnen zuwider ist, wenn sie nur noch vierundzwanzig Stunden zu leben haben?

Die zweite Gruppe«, fuhr der Millionär fort, »und leider ist es die Minderheit, würde genau das tun, was sie auch normalerweise an jedem Tag in ihrem Leben tut. Warum sollten diese Menschen auch davon abweichen? Ihre Arbeit ist ihre Leidenschaft. Ist es da nicht verständlich, daß sie sich damit beschäftigen wollen, bis ihre Zeit abgelaufen ist? Bach gehörte dieser Kategorie an. Auf dem Sterbebett korrigierte er das letzte Musikstück, das er geschrieben hatte. Aber du brauchst kein Genie zu sein, um dir zu wünschen, bis zum Ende deines Lebens zu arbeiten. Jeder von uns kann, wenn auch unbemerkt von der Gesellschaft, auf seine eigene Art und mit seiner Beschäftigung ein Genie werden. Ein Genie zu sein bedeutet nichts anderes, als das zu tun, was du mit Freude tust. Das ist das wahre Lebensgenie. Mittelmäßigkeit heißt, nie den Mut zu haben, das zu tun, was dir Spaß macht – aus Furcht, was die anderen dazu sagen werden, aus Furcht, deine Sicherheit zu verlieren.«

»Eine Sicherheit, die meistens doch nur eine Illusion ist, oder?« wagte der junge Mann schüchtern zu äußern.

»Das stimmt. Stelle dir also selbst die Frage: Wenn ich morgen sterben sollte, was würde ich dann mit den letzten Stunden meines Lebens anfangen? Würde ich mit einer Arbeit fortfahren, die mich innerlich abtötet, da sie nichts mit meinen wirklichen Bestrebungen zu tun hat? Würde ich einwilligen, weiterhin ein Schatten meiner selbst zu sein, dem es völlig an Selbstachtung mangelt, da ich mich dazu zwinge, etwas zu tun, was mir zuwider ist? Stell dir vor, du lädst einen Freund zu dir nach Hause ein, der dir beim Saubermachen helfen soll. Würdest du die schmutzigsten Arbeiten an deinen Freund weitergeben? Natürlich nicht. Warum verfährst du dann so mit dir selbst? Warum bist du dein schlimmster eigener Feind? Warum wirst du nicht dein bester eigener Freund?«

Auf diese Worte folgte Schweigen. Dann sprach der alte Millionär weiter: »Und was würdest *du* tun, wenn du morgen sterben solltest? Würdest du genau das tun, was du sonst getan hast?«

»Nein, das würde ich nicht«, mußte der junge Mann zugeben.

»Das heißt, daß du vermutlich nicht glücklich bist. Denke nun über die folgende Bemerkung nach. Findest du es sehr vermessen zu glauben, daß du morgen *nicht* sterben wirst?«

Als er diese Worte hörte, fühlte sich der junge Mann beunruhigt. In den letzten paar Tagen hatte der alte Millionär mehrmals eine unheimliche Fähigkeit bewiesen, in die Zukunft zu sehen. Kündigte er ihm jetzt seinen unmittelbar bevorstehenden Tod an? Vielleicht nur durch die Blume, aber deutlich genug.

Der Millionär schien seine Gedanken zu lesen. Denn schließlich war das Unbehagen des jungen Mannes auch kaum zu übersehen.

»Mach dir keine Sorgen«, meinte er belustigt, »du wirst morgen nicht sterben. Du wirst ein hohes Alter erreichen ... Aber laß mich meine Beweisführung weiter verfolgen. Wählen wir diesmal ein allgemeineres Beispiel, damit du dich weniger als von diesen schaurigen Argumenten betroffen fühlst. Wenn du das Leben durch das Auge deines Geistes betrachtest, wird der Tod eine andere Bedeutung erlangen. Aber diesen Punkt haben wir ja noch nicht erreicht, gelt? Findest du es nicht vermessen von den Menschen zu glauben, daß sie immer noch ihr ganzes Leben vor sich haben? In vielen Fällen schlägt der Tod aus heiterem Himmel zu. Doch sie vertrauen auf die Gewißheit – oder vielmehr die Illusion –, daß sie noch viel Zeit vor sich haben, und das läßt sie auch ständig Entscheidungen auf die lange Bank schieben, die sie eigentlich treffen sollten. Sie sagen sich: Ich habe doch Zeit. Ich werde später auf die Sache zurückkommen. Dann ist das Alter da, und sie stellen fest, daß sie noch immer nichts getan haben.«

»Darum heißt es wahrscheinlich: ‚Wenn die Jugend nur wüßte, wenn das Alter nur könnte'«, sagte der junge Mann.

»Das stimmt leider! Das Geheimnis des Glücks lautet daher, so zu leben, als wäre jeder Tag dein letzter. Und jeden Tag nach vollen Kräften zu leben und das zu tun, was du deinem Gefühl nach tun solltest und was du tun würdest, wenn deine Stunden gezählt wären. Denn im Grunde sind sie das auch. Doch das scheinen wir immer erst zu erkennen, wenn nur noch sehr wenig Zeit bleibt. Dann ist es zu spät. Daher mußt du mutig genug sein, unverzüglich zu handeln. Lebe im Geiste mit dem folgenden Gedanken: Ich weigere mich zu sterben, ohne den Mut gehabt zu haben, das zu tun, was ich tun wollte. Ich möchte nicht mit dem erschreckenden Gedanken sterben, daß mich die Gesellschaft betrogen und meine Träume zunichte gemacht hat. Du darfst nicht sterben in dem Gefühl, daß deine Ängste stärker als deine Träume gewesen sind und daß du niemals entdeckt hast, was dir wirklich Freude bereitete. Du mußt wissen, wie du den Mut dazu haben kannst.«

»Ich stimme mit Ihren Ideen überein. Das heißt, ich glaube, daß sie ziemlich plausibel klingen. Aber wie sieht es aus, wenn ich mir nicht völlig sicher bin, ob ich das, was ich tue, wirklich nicht mag? Ich weiß von keiner Beschäftigung, die nicht Anlaß zu Konflikten ist. Wäre alles vollkommen, würden wir gar nicht hier sein.«

»Da hast du durchaus recht. Selbst eine Tätigkeit, die uns inspiriert, hat ihre negativen Aspekte. Eine weitere Möglichkeit, um herauszufinden, ob dir dein Job wirklich gefällt, ist, dir selbst die folgende Frage zu stellen: Würde ich dieselbe Arbeit auch dann noch weitermachen, wenn ich morgen eine Million auf der Bank hätte? Wenn deine Antwort ‚nein' lautet, liegt es auf der Hand, daß du sie eigentlich nicht magst. Sag mir, wie viele Leute würden dieselbe Beschäftigung aufrechterhalten, wenn sie plötzlich Millionäre würden? Bestimmt sind sie ganz dünn gesät, und obendrein werden sie im allgemeinen schon Millionäre sein. Während sich die meisten früh zur Ruhe setzen oder etwas anderes tun wollen, ziehen sich nahezu alle Millionäre, die ich kenne, nicht von ihren Geschäften zurück und arbeiten bis ins hohe Alter. Ich würde sogar behaupten, daß sie sich alle – ausgenommen jene, die ihr Vermögen geerbt oder eingeheiratet haben – genauso verhalten, weil sie nämlich ihre Arbeit lieben.

Meine Beweisführung hat sich damit geschlossen«, fuhr er fort. »Um Millionär oder wenigstens reich zu werden, mußt du Freude an deiner Beschäftigung haben. Diejenigen, die einen Job behalten, der ihnen zuwider ist, sind doppelt benachteiligt. Ihre Arbeit lastet nicht nur schwer auf ihnen, sondern, schlimmer noch, sie macht sie nicht einmal reich. Tatsächlich verbringen die meisten Leute ihr Leben in diesem seltsamen Paradox, und zwar deshalb, weil sie sich der wahren Gesetze des Erfolgs nicht bewußt sind, und aus Angst. Sie vergeuden ihr Leben und ihre Chancen, wirklich reich zu werden, weil sie an einer Art von Sicherheit festhalten, die bestenfalls mittelmäßig ist. Sie glauben, daß Reichtum anderen vorbehalten sei oder daß sie unbegabt sind. Und warum lassen sie sich verleiten, an diese Illusion zu glauben? Weil ihr Geist nicht stark genug ist, um die Realität zu sehen und die Wahrheit dieser Illusion zu erkennen. Erinnere dich an den Grundsatz: ‚Der Charakter gleicht dem Schicksal'. Stärke deinen Geist, und die Umstände werden sich nach deinen Wünschen fügen. Du wirst dein eigenes Leben selbst steuern können.«

»Sind Sie immer glücklich gewesen?«

»Offen gestanden, nein. Es gab Zeiten, wo es mir äußerst miserabel ging und mir sogar der Gedanke, Selbstmord zu begehen, in den Sinn kam. Bis zu dem Tag, als auch ich einem wunderlichen Millionär begegnete, der mich fast alles das lehrte, was ich heute an dich weitergebe. Zuerst war ich jedoch ziemlich mißtrauisch, denn ich konnte nicht glauben, daß sich diese Theorie auch auf meinen Fall anwenden ließ – obwohl er selbst der lebende Beweis war, daß sie funktioniert. Da ich aber alles mögliche ausprobiert hatte und immer noch erfolglos war, und da ich nichts zu verlieren hatte, war ich schließlich bereit dazu, einen Versuch zu machen. Ich war dreißig und hatte das Gefühl, mein Leben zu vergeuden; die Dinge schienen mir aus der Hand zu gleiten.«

»Ich bin sicher, daß Sie es heute nicht bedauern, diese Ratschläge angewendet zu haben.«

»Er hat immer wieder gesagt, daß ich mein Leben und alle darin stattfindenden Ereignisse selbst lenken könne. Ich habe ihm nie geglaubt: Das schien sich wie Science fiction anzuhören. Doch als ich dann eines Tages mitbekam, wie er dasselbe Lied immer und immer wiederholte, sagte ich mir selbst, daß er vielleicht recht habe und daß mein Leben doch nicht das sei, wofür ich es stets gehalten hatte – eine Folge von mehr oder weniger unvorhersehbaren und unkontrollierbaren Geschehnissen, in denen Glück und Zufall Trumpf waren. Ich spürte, daß wir vielleicht wirklich unser Schicksal bestimmen könnten, wenn wir nur damit anfingen, den Geist beherrschen zu lernen. Ich stellte fest, daß ich allmählich in dieser Weise zu denken begann – daß sich, mit anderen Worten, eine Revolution in meinem Geist vollzog –, nachdem ich nur einige Zeit lang die Formel wiederholte, die er an mich weitergegeben hatte: *Mit jedem Tag geht es mir in jeder Hinsicht immer besser und besser.*

Mein Mentor lehrte mich auch noch eine andere Formel, die meiner Meinung nach sogar noch wirksamer ist – zumindest, was meine eigene Erfahrung angeht. Selbstverständlich kann ich sie dir von ganzem Herzen empfehlen. Es stimmt schon, sie ist etwas religiös, was vermutlich manche Leute stören wird. Das ist schade, denn sie hat eine unschätzbare Wirkung auf den Geist. Die Wiederholung dieser Formel hat mich beruhigt, wenn ich mich ängstlich oder nervös fühlte, und hat mir Antworten gebracht, wenn ich sie ernstlich brauchte. Innere Ruhe ist der höchste Ausdruck von Stärke. Sieh dir die wirklich Starken und Mächtigen an: Sie sind ruhig. Und was ist das Sinnbild für höchste Macht? Natürlich Gott. Das ist einer der Gründe, weshalb die Formel, die ich dir jetzt gebe, so wirkungsvoll ist: *Sei ruhig, mein Herz, und wisse, du bist eins mit Gott.*

Wiederhole sie jeden Tag so oft wie möglich. Sie wird dir jenes Gefühl von heiterer Gemütsruhe schenken, das so notwendig ist, um die Turbulenzen des Lebens zu bestehen. Als mein Mentor beschloß, sie mir zu verraten, sagte er vorab, daß dies von allen Geheimnissen der Welt das kostbarste sei. Dies war sein geistiges Vermächtnis an mich, wie es meines an dich ist, und das sollte dich von der Macht dieser Formel überzeugen.«

»Ich hoffe, daß Sie nicht zum Prediger werden«, entgegnete der junge Mann, »aber ich verstehe die darin enthaltene Botschaft.«

»Durch die Wiederholung dieser Formel«, sagte der alte Millionär, »die mir zuerst merkwürdig vorkam, entwickelte ich eine neue Kraft. Diese Kraft, die im Laufe der Jahre stetig weiter zunahm, erinnerte mich an etwas, was der alte Millionär mir immer wieder gesagt hatte: *Ich könnte alles tun,* nichts wäre mir unmöglich, sobald ich mein Schicksal beherrschen würde. So überzeugte ich mich nach und nach selbst davon, daß ich mein Leben genau dahin steuern konnte, wo ich es wollte. Ich habe diese Formel weiterhin angewendet und das getan, worum mein Mentor mich bat – und um dasselbe möchte ich auch dich bitten.«

KAPITEL 13

Worin der junge Mann lernt, seine Wünsche an das Leben zu äußern

Nun hast du den ersten Schritt schon getan«, erklärte der Millionär. »Er hat darin bestanden, die Formel und das feste Ziel zu bestimmen, also eine Geldsumme und einen Stichtag. Nimm nun für den zweiten Schritt ein Blatt Papier und schreib alles auf, was du dir im Leben wünschst. Dein Traum muß ganz genau sein, damit er Gestalt annehmen kann. Du solltest daher eine Liste von materiellen und immateriellen Zielen aufstellen.

Die Liste der materiellen Ziele könnte folgendermaßen aussehen:

- ☐ ein Haus im Wert von . . .
- ☐ eine Zweit- oder Ferienwohnung im Wert von . . .
- ☐ ein Auto im Wert von . . .
- ☐ ein gebrauchter Zweitwagen im Wert von . . .
- ☐ keine persönlichen Schulden mehr
- ☐ DM . . . in bar oder liquidem Guthaben
- ☐ DM . . . in Investitionen an der Börse und / oder auf dem Immobilienmarkt

Nun einige Beispiele für immaterielle Ziele:

- ☐ mein eigener Herr zu sein und nicht mehr als 30 Stunden pro Woche zu arbeiten
- ☐ mindestens dreimal im Jahr 2 Wochen Urlaub machen zu können, wenn ich den Wunsch danach habe
- ☐ anregende, gesellschaftliche Kontakte und intelligente Freunde zu haben, die erfolgreiche Geschäftsleute oder Künstler sind
- ☐ ein erfüllendes Familienleben zu führen.

Das Bild, das der *Instant*-Millionär gerade vor seinem geistigen Auge ausgemalt hatte, ließ den jungen Mann reichlich verblüfft dreinblicken.

»Das klingt dir wohl zu schön, um wahr zu sein?« fragte der Millionär. »Auch ich dachte anfangs, als ich meine Wünsche umrissen hatte, ich sei etwas zu weit gegangen. Doch mein Zögern und meine Furcht waren nur einer negativen Geisteshaltung zuzuschreiben und meiner tiefverwurzelten Gewohnheit, klein zu denken – was mir bis dahin nicht einmal bewußt gewesen war.

Mit dieser Methode, eine solche Liste zu erstellen«, fuhr er fort, »kannst du jedoch deine enge Sichtweise der Dinge genau erkennen. Wer diese Art von Lebensplanung für unerreichbar hält, denkt einfach nur klein; denn da sich alles auf Erden als relativ bezeichnen läßt, ist dies auch kein übermäßiger Ehrgeiz. Wirklich reiche Leute wären äußerst unglücklich, wenn sie sich mit den lumpigen Verhältnissen bescheiden müßten, die ich gerade in großen Zügen umrissen habe. Sie haben noch einen ganz anderen Lebensstil, doch werden sie diesen wohl kaum als unverhältnismäßig verschwenderisch ansehen. Sie halten sich nicht einmal für besonders reich – jedenfalls nicht *so* reich, denn sie haben immer Freunde und Geschäftspartner, die noch vermögender sind. Sie betrachten diese Art von Lebensstil als normal, denn entweder sind sie in reiche Verhältnisse geboren, oder sie haben groß gedacht und es geschafft, sich selbst in diesen Status zu versetzen und ihre Träume zu erfüllen. Keiner von ihnen hat jemals angenommen, daß er dazu nicht fähig sei. Wenn du mit der Vorstellung darangehst, daß du etwas nicht kannst, blockierst du dich damit sofort selbst. Mache also diese Übung und schreibe bis in die kleinste Einzelheit auf, was du dir vom Leben wünscht, ohne irgend etwas zu verschweigen.

Das wird dir die Grenzen deiner Ambitionen und deine geistigen Begrenzungen zeigen«, fuhr der Millionär fort.

»Wovon träumst du wirklich? Womit würdest du zufrieden sein? Es ist wichtig, so viele Details wie möglich einzusetzen. Du solltest nur vermeiden, dir dein Traumhaus an einer ganz bestimmten Adresse zu wünschen, denn dieses Haus wird möglicherweise niemals zur Verfügung stehen. Damit würdest du das Risiko eingehen, daß dein Traum trotz der Kraft deines Wunsches und deines Willens niemals in Erfüllung geht – oder vielleicht auch deshalb, weil dieser Traum im Widerspruch zur Ordnung der Dinge steht oder anderen Schaden zufügt, was immer in Betracht gezogen werden muß.

Das Bild, das du dadurch erhältst, wird dir zeigen, wer du wirklich bist. Es wird die konkrete Gestalt deiner Wünsche annehmen. Deine Gedanken sind lebendige Formen. Jeder Gedanke, der zum Ausdruck gebracht wird, hat die Neigung, Wirklichkeit zu werden. Je genauer er durch Details umrissen wird, desto besser stehen die Chancen, daß er sich materialisiert. Auf geheimnisvolle und unerwartete Weise werden diese Gedanken, wenn sie regelmäßig Nahrung erhalten, jene Umstände herbeiführen, die sie in Erfüllung gehen lassen.«

Da der junge Mann an dieser Stelle skeptisch dreinsah, fügte der Millionär noch hinzu: »Ich weiß, daß dir alles dies utopisch erscheinen muß. Doch wie ich dir schon gesagt habe: Je konzentrierter dein Geist wird, desto mehr wirst du erkennen, daß es nichts gibt, was er nicht erreichen kann. Denke nur an die Kraft, die Christus dazu befähigte, Wunder zu tun, wie Tote auferstehen zu lassen. Ist es im Vergleich damit nicht eine ziemlich banale Leistung, etwas so Ordinäres wie deinen Wunsch nach einem Traumhaus zu verwirklichen? Glaubst du nicht, daß der Geist weitaus mächtiger ist, als gemeinhin angenommen wird? Erinnere dich an das, was Christus gesagt hat: ‚Der Glaube versetzt Berge'.«

Der junge Mann war stumm vor Staunen.

»Wenn du deinen Geist wirksam benutzen willst, mußt du

damit anfangen, an seine Kraft zu glauben. Auf jeden Fall mußt du ihm gegenüber eine positive Haltung einnehmen, damit er eine Chance hat. Stelle also deine Liste zusammen. Glaubst du nicht jetzt schon, daß du derart simple Dinge (wenn du sie mit einer Auferstehung vergleichst) in deinem Leben tatsächlich erreichen *kannst?*«

»Ich brauche Zeit, um darüber nachzudenken«, protestierte der junge Mann.

»Das ist eine gute Idee. Denke über das nach, was du gerade gehört hast. Ein Teil von dir glaubt bereits daran. Der andere Teil ist durch jahrelange falsche Schulung und unglückliche Erfahrung mit Blindheit geschlagen und mundtot gemacht – aber er ist immer noch lebendig. Er wartet nur auf ein Zeichen von dir, damit er aufwachen kann. Wenn du zum Herrn und Lenker deiner Existenz werden willst, anstatt dich hilflos wie ein Sklave von den Geschehnissen herumstoßen zu lassen, dann hör auf jene winzige innere Stimme in den Tiefen deines Geistes und gib ihr mehr Ausdrucksfreiheit. Je häufiger du die Formel wiederholst, desto machtvoller wird sie werden, und desto sicherer wird sie dich führen. Das ist deine Intuition: die Stimme deiner Seele, der Weg zu deiner geheimen inneren Kraft.«

Der junge Mann fühlte sich etwas schwindlig, ihm war nach einer Atempause zumute.

»Komm«, sagte der Millionär, »laß uns zur Entspannung durch den Garten gehen. Ich würde gern meinen letzten Spaziergang hier mit einem Freund machen.«

Diese Worte betrübten das Herz des jungen Mannes. Es war nicht das erste Mal, daß der Millionär eine Anspielung auf den Tod zu machen schien . . .

KAPITEL 14

Worin der junge Mann die Geheimnisse des Rosengartens entdeckt

Die beiden Männer gingen schweigend durch den Garten. Vor einem Rosenstock mit vielen prächtigen Blüten blieb der Millionär stehen und schien völlig in seiner Betrachtung versunken. Dann richtete er sich auf und sagte: »Ich muß den Duft dieser Rosen schon unzählige Male gerochen haben, und doch ist es jedesmal wieder eine andere Erfahrung. Weißt du auch, warum? Weil ich gelernt habe, im Hier und Jetzt zu leben: die Vergangenheit vergessend, die Zukunft nicht beachtend. Das Geheimnis ist ganz einfach. Es liegt in geistiger Konzentration. Je stärker dein Geist sich konzentriert, desto mehr lebt er in der Gegenwart und ist völlig in das vertieft, was er gerade tut. Konzentration ist der Schlüssel zum Erfolg in allen Aspekten des Lebens. Je besser du dich konzentrieren kannst, desto schneller und leistungsfähiger wirst du arbeiten können. Du wirst Einzelheiten wahrnehmen, die andere übersehen.«

»Haben alle reichen und erfolgreichen Leute gelernt, auf Details zu achten?«

»Das haben sie in der Tat. Wenn du deine eigene Konzentrationskraft erhöhst, wirst du kluge Beobachtungen über die Dinge machen können. Du wirst lernen, die Leute, denen du begegnest, richtig einzuschätzen. Deine Konzentrationskraft wird es dir ermöglichen, auf einen Blick zu erkennen, wen du vor dir hast. Du wirst auch, im wahrsten Sinne des Wortes, *realistisch* werden – oder zumindest im tiefsten Sinne. Du wirst die Dinge so sehen, wie sie wirklich sind. Deine Wahrnehmung der Dinge wird nicht mehr von jenem verschwommenen Film aus Gedanken und Tagträumen behindert werden, wie er bei der Mehrzahl der Menschen vorzufinden ist. Die meisten sind ständig zerstreut und gehen wie Schlafwandler durchs Leben. Sie nehmen weder die Dinge noch die Menschen wahr, mit denen sie zusammentreffen. Sie leben wie in einem Traum – und niemals in der Gegenwart. Daher sind sie, im Grunde genommen, gar nicht wirklich da. Sie werden von ihren Irrtümern und Fehlschlägen verfolgt und sind von Zukunftsängsten erfüllt.«

»Soweit ich sehen kann, scheint Konzentration das einfachste Glied in Ihrer Theorie zu sein.«

»Vorsicht, junger Mann. Nicht jeder, der es versucht, hat auch Erfolg damit. Wenn aber dein Geist eine entsprechende Konzentrationsstufe erreicht, wirst du eine sehr große Fähigkeit für Problemlösungen haben. Du wirst nicht gleichgültig, sondern ganz realistisch werden. Anstatt deine Nerven zu strapazieren und wegen deiner Sorgen an den Nägeln zu kauen, wirst du dich um ihre Lösung bemühen. Vergiß nicht, daß noch nie etwas dadurch geklärt wurde, überängstlich zu sein und sich wegen eines Problems zu Tode zu grämen. Andererseits hat diese Haltung schon manch ein Magengeschwür und manch einen Herzinfarkt hervorgerufen. Das Bild, das du dir von dir selbst machst, wird sich verändern. Jeder Mensch ist ein Rätsel. Wir alle sind Rätsel – und das nicht nur für andere, sondern auch für uns selbst, was von einem Mangel an Konzentration herrührt.«

Der junge Mann lauschte wie gebannt den Worten des alten Millionärs; und da er sich kein einziges von ihnen entgehen lassen wollte, wagte er nicht, ihn zu unterbrechen.

»Dank der Konzentration«, fuhr jener fort, »wirst du verstehen, warum du genau an den Platz gestellt worden bist, den du in der Welt einnimmst. Das wird sich dir immer klarer und auch immer einfacher zeigen. Dein Geist wird von einem sehr beruhigenden Gedanken erfüllt, der dich ausrufen läßt, so als würdest du aus einem langen, tiefen Schlaf erwachen: ‚Aha! Das also bin ich. Deshalb bin ich in diesem Augenblick hier, tue dieses oder jenes, bin mit der und der

Person zusammen ...' Du wirst das erfahren, was man als ein Gefühl für dein Schicksal bezeichnen könnte – und dein Geist wird dies akzeptieren. Das heißt aber nicht, daß du dich in dein Schicksal ergeben mußt; doch weil du mit klarem Blick die Situation siehst, in der du dich gerade befindest, wirst du es bis zu einem gewissen Grade akzeptieren. Du wirst deinen persönlichen Ausgangspunkt anerkennen, und das wird dir dabei helfen, deine Zukunft zu lenken und die Zügel deines Schicksals fest in die Hand zu nehmen.«

Der Millionär sprach nicht weiter. Er nahm sich einen Augenblick Zeit, um sich niederzubeugen und nochmals den Rosenduft einzuatmen.

»Die Rose ist seit Anbeginn der Zeit ein Symbol des Lebens gewesen. Wenn du deinen Geist beherrschen lernst, wirst du begreifen, warum. Ihre Dornen sind die Straße der Erfahrung: die Prüfungen und Schmerzen, die jeder von uns durchmachen muß, damit er die wahre Schönheit der Existenz verstehen kann.«

Nach diesen Worten zog er eine Gartenschere aus der Tasche, schnitt eine Rose ab und überreichte sie seinem jungen Begleiter.

»Bewahre diese Rose dein ganzes Leben lang«, sagte er. »Sie wird als Talisman wirken und dir Glück bringen. Das Glück existiert wirklich, obwohl nur wenige Menschen das wissen. Du mußt fest daran glauben, es mit deinen Gedanken umwerben, deine Bitten an es richten. Alle erfolgreichen Menschen glauben daran, auch wenn sie deshalb für abergläubisch gehalten werden. Doch, weißt du, sie haben recht.

Mit dieser einfachen Blume bist du in das Geheimnis der Rose eingeweiht. Betrachte sie immer, wenn du das Bedürfnis dazu verspürst. Sie wird dir Kraft geben. Und auch jedesmal, wenn du an dir selbst zweifelst, wenn das Leben schwer zu ertragen ist, kehre zu dieser symbolischen Rose zurück und erinnere dich daran, was sie versinnbildlicht. Jede Prüfung, jedes Problem, jeder Irrtum wird eines Tages in ein herrliches Blütenblatt verwandelt werden. Wie dieser Stengel voller Dornen, so führt das Leiden zum Licht und wird dich Schönheit erlangen lassen. Nimm dir jeden Tag etwas Zeit dafür, dich auf das Herz der Rose zu konzentrieren. Wenn keine Rose zur Hand ist, so wähle eine andere Blume oder konzentriere dich auf einen schwarzen Punkt oder einen leuchtenden Gegenstand. Du kannst auch lautlos die Formel nachsprechen, die mein Mentor mir weitergegeben hat: *Sei ruhig, mein Herz, und wisse, du bist eins mit Gott.* Konzentriere dich immer längere Zeit auf die Rose oder den schwarzen Punkt. Bist du dazu zwanzig Minuten in der Lage, ist deine Konzentration ausgezeichnet. Ist dein Herz wie diese Rose geworden, dann wird dein Leben verwandelt sein.«

Der junge Mann hatte kaum Zeit, den zarten Rosenduft einzuatmen, als der alte Millionär schon weitersprach: »Laß mich nochmals wiederholen, was ich gesagt habe. Das Geheimnis liegt in geistiger Konzentration. Wenn dein Geist durch Konzentrationsübungen gefestigt und seiner selbst bewußt geworden ist, wirst du erkennen, daß die Probleme des Lebens keine Macht mehr über dich haben. Dann wirst du verstehen, was ich dir sagen will und was dir jetzt als selbstverständlich und ziemlich banal erscheinen könnte. Die Dinge haben nur die Wichtigkeit, die du ihnen gibst. Ein Problem ist nur dann ein Problem, wenn du es dafür hältst.

Was bedeutet das?« fuhr er fort. »Wenn du davon ausgehst, daß es nichts Ernstzunehmendes gibt, daß nichts von wirklicher Bedeutung ist, dann *wird* in deinen Augen auch tatsächlich nichts ernst zu nehmen und wirklich bedeutsam sein. Probleme werden dir nur in direkter Entsprechung zu den Schwächen deines Geistes als groß und überwältigend erscheinen. Je stärker dein Geist ist, desto unbedeutender werden deine Probleme dir vorkommen. Darin liegt das Geheimnis des unaufhörlichen Seelenfriedens. Konzentriere deinen Geist. Tatsächlich ist das ganze Leben im Grunde genommen eine lange Konzentrationsübung. Die Seele ist unsterblich. Der Geist, der sich von Leben zu Leben weiterbewegt, entdeckt sich langsam selbst und entwickelt sich. In der Regel durchläuft er eine recht lange Lehrzeit. Und die Menschen haben nur mäßige Erfolge aufzuweisen, weil es nur denjenigen unter ihnen mit einer hohen Konzentrationsstufe gelingt, ihr Ziel zu erreichen. Natürlich haben es sich nicht alle erfolgreichen Leute zum Prinzip gemacht, Konzentrationsübungen zu praktizieren; doch haben sie während ihrer vorangegangenen Leben auf Erden eine Konzentrationsstufe erreicht, die es ihnen ermöglicht hat, leichter als andere Erfolge zu haben. Wenn dein Geist seine höchste Konzentrationsstufe erreicht, dann wirst du in jenen einzigartigen Zustand eintreten, in dem Träume und Wirklichkeit buchstäblich zusammentreffen.«

Dann gingen der Millionär und der junge Mann ins Haus zurück. Während am Vormittag noch die Sonne geschienen hatte, war der Himmel jetzt stark bewölkt, und ein Gewitter war im Anzug. Im Haus war es so düster, daß die Lampen angemacht werden mußten. Offensichtlich um der romantischen Stimmung willen, gegen die auch der junge Mann nichts einzuwenden hatte, entzündete der Millionär einen Leuchter mit sieben Kerzen. Dann zog er den Vorhang zurück, der im Wind wehte, blickte zum Himmel hoch und richtete die folgenden Worte an den jungen Mann:

»Denke immer daran, daß es in einer bestimmten Höhe keine Wolken mehr gibt. Wenn die Wolken in deinem Leben das Licht verdecken, dann ist deine Seele noch nicht hoch genug aufgestiegen. Die meisten Menschen machen den Fehler, Probleme zu bekämpfen: Das ist so, als würden sie ständig versuchen, die Wolken zu vertreiben und auf irgendeine magische Weise aufzulösen. Natürlich könnte ihnen dies vorübergehend gelingen, doch die Wolken werden immer wieder zurückkehren, um sich zwischen sie und die Sonne zu stellen und dadurch das Licht zu verdecken, wie strahlend dieses auch sein mag. Daher mußt du dich ein für allemal über die Wolken erheben. Betrachte das Herz der Rose über einen immer längeren Zeitraum. Darin wirst du den Weg finden, der dich über die Wolken dorthin führen wird, wo der Himmel unveränderlich blau ist. Vergeude deine Zeit nicht damit, die Wolken zu verjagen, die sich fortwährend selbst erneuern ... Vielleicht verstehst du nicht alles, was ich dir jetzt mitgeteilt habe«, sagte er abschließend, »doch nimm es in gutem Glauben an.«

Der Millionär und der junge Mann setzten sich an den Eßtisch. Der Butler erschien, er trug Brot und Wein auf.

»Ich habe mich schon eine Zeitlang etwas gefragt«, sagte der junge Mann. Tatsächlich hatte ihn die Frage bereits seit dem Vortag verfolgt. »Ich glaube wirklich, daß alles, was Sie gesagt haben, richtig ist. Und ich vertraue auch jetzt darauf, daß ich, wenn ich Ihre Formel anwende, Millionär werden und Geistesruhe erlangen kann. Bleibt nur noch das Problem, daß ich nicht recht weiß, auf welchem Gebiet ich mein Glück versuchen soll.«

Der Millionär lächelte. Diese äußerst ernst gemeinte Frage schien ihn offensichtlich zu erheitern. »Du mußt Vertrauen in das Leben und in die Kraft deines Geistes haben«, erwiderte er. »Sei unbesorgt. Setze dir zuerst dein Ziel und bitte dann dein tiefes Unbewußtes, dir den Weg zu zeigen, der dich zum Reichtum führen wird. Wenn du so fragst, wird die Antwort nicht lange auf sich warten lassen.«

Der junge Mann schien skeptisch, wenn nicht enttäuscht über die Antwort des Millionärs zu sein. Zweifellos hätte er gern etwas Genaueres erfahren.

Der Millionär, der offenbar insgeheim wieder seine Gedanken zu lesen schien, zwinkerte ihm verständnisvoll zu und ergänzte dann rasch: »Als erstes mußt du eine Arbeit finden, die dein Herz mit Zufriedenheit erfüllt. Denke dann darüber nach. Alle Elemente der Beschäftigung, die dir gefallen könnte, sind bereits in dir. Du erkennst sie bloß nicht, weil du dich noch nicht in Einklang mit deiner wahren Natur befindest. Durch intensive Konzentration wird dies in stärkerem Maße geschehen, und die Antworten werden stetig aus deinem Innern kommen. Und was noch besser ist, du wirst entdecken, was die meisten Menschen ihr ganzes Leben lang verzweifelt suchen und niemals finden, was ihnen das Gefühl gibt, das Leben sei absurd: Du wirst den rätselhaften Sinn und Zweck deiner Existenz auf Erden begreifen – und dies nicht nur mit deinem Verstand, sondern auch mit deinem Herzen. Siehst du nicht, daß du alles zu gewinnen hast, wenn du dich auf das Herz der Rose konzentrierst?«

Er hielt einen Augenblick inne und nippte an seinem Wein. Er schien nicht zu trinken, sondern nur behutsam davon zu kosten. Seine Augen waren dabei andächtig geschlossen.

»Aber woher soll ich das Anfangskapital bekommen?« fragte der junge Mann. »Ich habe keinen roten Heller.«

»Wieviel wirst du denn brauchen?«

»Ich weiß es nicht – mindestens 10.000 Mark. Soviel haben *Sie* jedenfalls gebraucht, um anfangen zu können.«

»Das solltest du doch auftreiben können. Schau dich ein wenig um. Welche Wege stehen dir, deiner Meinung nach, offen?«

»Um ehrlich zu sein, ich kann keinen einzigen sehen. Ich weiß von keiner Bank, die mir ein Darlehen gewähren würde. Ich habe keine Sicherheiten. Am Ende des Monats bleibt mir von meinem Gehalt so gut wie nichts übrig, und ich besitze nichts – nicht einmal ein Auto . . .«

»Aber hast du es wenigstens versucht?«

»Nein . . . aber ich bin mir absolut sicher, daß . . .«

»Das ist ein Fehler, den du nicht noch einmal begehen solltest. Sei nicht so wie die meisten Leute, die aufgeben, bevor sie es überhaupt versucht haben. Das ist der sicherste Weg, nie etwas zu tun und nie mit etwas Erfolg zu haben. Geh nicht in dieselbe Falle wie jene, die zwar einen Beschluß fassen, innerlich aber nicht davon überzeugt sind, daß sie Erfolg haben werden. Sie beginnen – und haben schon verloren. Bring deine Gedanken und deine Handlungen in Harmonie. Sei selbst in Harmonie.«

»Ich bin ja zu allem bereit, aber mein Problem hat sich damit noch nicht erledigt. Ich kann es auf jeden Fall probieren . . .«

»Du mußt es mit der festen Überzeugung angehen, daß die Lösung bereits existiert – die *Ideallösung* für dein Problem. Die Kraft deines Geistes und die Magie deiner Zielvorstellung werden unentwegt Lösungsmöglichkeiten anziehen, von denen du vermutlich nicht einmal geglaubt hast, daß sie existieren könnten. Sei innerlich davon überzeugt, daß du Erfolg haben wirst – und es wird dir gelingen. Laß keinen Raum für Zweifel; verbanne ihn mit aller Kraft, die dein Geist aufbringen kann. Zweifel gehört zu den Kräften der Finsternis, während der Optimismus, den du verspürst, mit dem Reich des Lichtes in Verbindung steht. Diese beiden Kräfte befinden sich in ständigem Konflikt miteinander. Kämpfe standhaft gegen den Zweifel an, denn auch er ist ein Gedanke und hat, wie alle Gedanken, die Neigung, sich in deinem Leben zu materialisieren. Wenn du fest davon überzeugt bist, daß du dein Darlehen bekommen wirst, dann wird es auch so sein . . .«

»Ja, das glaube ich jetzt auch. *Sie* haben mich davon überzeugt.«

»Was würdest du unter den gegenwärtigen Umständen tun, um dein Ziel zu erreichen – das heißt, um dir Geld zu leihen?«

»Ich weiß es wirklich nicht . . .«

»Wenn du nur noch wenig Zeit hättest – sagen wir, eine Stunde –, um 10.000 Mark zu bekommen, womit du dich selbständig machen könntest, was würdest du dann tun?«

»Ich habe immer noch keine Ahnung . . .«

»Da stehst du nun vor einem Millionär, der dich gerade ermutigt und dir die Geheimnisse seines Erfolgs verraten hat – und du weißt nicht, was zu tun ist? Dir fällt wirklich überhaupt nichts ein, wie du zu diesem Geld kommen kannst?«

Da dämmerte es plötzlich dem jungen Mann, wovon der Millionär sprach. Vielleicht brauchte er ja nur *ihn* um das Geld zu bitten. Er zögerte einen Augenblick und entschloß sich dann dazu.

»Würden Sie mir die 10.000 Mark leihen, die ich benötige?«

»Da hast du's. Na, war das nicht einfach? Du mußtest nur eine Frage stellen – doch die meisten trauen sich nicht zu fragen.«

Und damit zog er die 10.000 Mark hervor, die er seit der Ankunft des jungen Mannes mit sich herumtrug und die er anscheinend als Taschengeld aufhob: eine erstaunlich große Summe in den Augen der meisten gewöhnlichen Sterblichen, doch für ihn bedeutungslos. Auf jeden Fall diente sie keinem Zweck, da er praktisch ohne Kontakt zur Außenwelt lebte.

Nachdem der Millionär einen wehmütigen Blick auf das Geldbündel in seinen Händen geworfen hatte (einen Blick, der wohl kaum dem Umstand zugeschrieben werden konnte, daß er es weggab), reichte er es dem jungen Mann. Dieser nahm es mit großer innerer Erregung entgegen. Noch nie in seinem Leben hatte er eine so riesige Summe Geld besessen.

»Wahrscheinlich denkst du jetzt, daß dieses Geld leicht verdient war«, sagte der alte Millionär. »Doch hör auf mich, wenn ich dir sage, daß es absolut keinen Grund dafür gibt, weshalb es dir in Zukunft auch nur im geringsten schwerer fallen sollte, Geld zu bekommen. Leider wird allgemein angenommen, daß Geld mühselig zu beschaffen ist und daß man hart dafür arbeiten muß. Tatsächlich liegt der einzige Wert von Arbeit darin, die Spannkraft deines Geistes zu stärken und dich zu zwingen, *mehr* zu denken. Wenn du eine Menge Geld verdient hast – und ich versichere dir, das wird nicht lange auf sich warten lassen, wenn du die Geheimnisse anwendest, die ich dich gelehrt habe –, dann wirst du erkennen, daß es dabei auf deine Geisteshaltung ankommt, auf die Kraft deines Wunsches und auf die Tatsache, daß es dir gelungen ist, diesen mittels eines festgelegten finanziellen Ziels in bestimmte Bahnen zu lenken. Die meisten Menschen scheitern daran, daß sie dies unterlassen. Sie sind deshalb gezwungen, anstrengende oder unbefriedigende Arbeit zu leisten, um ihren Lebensunterhalt zu verdienen. Vergiß nicht, daß die äußeren Umstände letztlich immer deinen Geisteszustand und deine innersten Überzeugungen widerspiegeln.«

Außer sich vor Freude, daß er endlich 10.000 Mark besaß, hörte der junge Mann den klugen Ratschlägen des Millionärs nur mit halbem Ohr zu.

»Besinne dich also auf folgendes, junger Mann, wenn du Geld brauchst: Du wirst es leicht und schnell bekommen, wenn du dir dessen absolut sicher bist. Und sobald dein Geist von Zweifel ergriffen wird, denke an die 10.000 Mark zurück, die du gerade erhalten hast. Du mußt nur darum bitten. Wenn du in diesem Moment felsenfest davon überzeugt bist, daß du es auch bekommen wirst, wenn du sozusagen vorgibst, es bereits zu haben, dann *wirst* du es auch bekommen. Vergiß nicht, unsere tiefsten Überzeugungen werden immer in Erfüllung gehen.«

»Und was ist, wenn ich anfange, Zweifel zu haben?«

»Die beste Methode, um sie wieder loszuwerden, besteht darin, dich in Autosuggestion zu üben und dem Zweifel entgegengesetzte Gedanken laut zu wiederholen. Wenn dein Geist kraftvoll genug geworden ist, wird jedes dieser Worte zu einer Art von Befehl werden. Deine Worte und die Realität werden eins. Die Zeit, die es braucht, bis deine Befehle ausgeführt werden, wird immer kürzer und schließlich nur noch ein Augenblick sein. Bis dahin wirst du wahre Selbstbeherrschung erlernt haben. Du mußt Herr deiner Gedanken werden, damit du es vermeidest, Gedanken zu haben, die anderen Schaden zufügen könnten. Du mußt dir die Fähigkeit erwerben, nur positive Gedanken zum Nutzen anderer zu haben, damit sich die Macht deiner Worte nicht gegen dich wendet.«

Wiederum machte er eine kleine Pause.

»Dieses Geld . . .« fuhr er fort, und dabei deutete er auf das Bündel Banknoten, »nun, ich leihe es dir nicht . . .«

Er schien einen Augenblick zu zögern, zweifellos, weil er einen bestimmten Effekt plante – der seinen Zweck auch erfüllte, wie aus der Reaktion des jungen Mannes zu schließen war.

»Ich leihe es dir nicht . . . ich schenke es dir«, sagte der Millionär. »Damit schließt sich der Kreis. Dieses Geld ist völlig sauber. Ich habe es von meinem Mentor bekommen, um damit in meine Geschäfte einzusteigen. Verwende es für keinen anderen Zweck. Mach es nicht wie der Mann in der Bibel, der seine Münzen vergrub, anstatt sie für sich arbeiten zu lassen. So viele Menschen begehen diesen schlimmen Fehler und lassen sich von Angst lenken. Angst ist, neben dem Zweifel, unser ärgster Feind überhaupt, und du mußt sie besiegen. Sei furchtlos und mutig. Wer unter dem Vorwand, vernünftig zu sein, Geld vergräbt, hat mehr nicht verdient, und es ist auch höchst unwahrscheinlich, daß er mehr bekommen wird. Er mißachtet damit eines der wichtigsten Gesetze des Lebens: das Gesetz des Überflusses. Geld muß frei fließen, damit es sich vervielfachen kann.«

Der junge Mann genoß seinen neuen Reichtum ebenso wie die großherzigen Worte seines Wohltäters.

»Das Geld, das ich dir schenke, ist im Grunde jedoch eine Leihgabe«, fuhr der Millionär fort. »Denn eines Tages mußt auch du es wiederum verschenken. Nach vielen Jahren wirst du einem jungen Mann begegnen, der sich in derselben Situation befindet wie du jetzt. Ihm wirst du das Geld schenken, das ich dir heute schenke. Sorge dafür, daß es dann einen unerheblichen Betrag für dich darstellt: nicht mehr als ein Taschengeld. Du mußt es genauso wie ich machen und ihm den Gegenwert dessen geben, was der heutigen Summe entspricht. Dann kann auch er mit einem ordentlichen Betrag anfangen, denn wenn die Inflation mit der derzeitigen Geschwindigkeit weitergeht, werden 10.000 Mark bis dahin nicht mehr viel wert sein.«

Der junge Mann nickte zustimmend.

»Wenn der nächste junge Mann, dein Nachfolger, dieses Geld annimmt, dann muß auch er feierlich schwören, die Lehren weiterzugeben, die du von mir bekommen hast und die du ihm mitteilen wirst. Durchbrich diese Kette unter keinen Umständen, es wird dir sonst kein Glück bringen. Ich weiß, daß du ein ehrlicher Bursche bist, und deshalb scheue ich mich nicht, dir dieses Geheimnis zu hinterlassen.«

Der junge Mann dankte ihm von Herzen.

»Eine wichtige Sache gibt es noch, die du wissen mußt . . .« begann der Millionär wieder. Doch genau in diesem Augenblick brach das Gewitter los. Der Millionär verstummte, sein Gesicht nahm einen wehmütigen Ausdruck an. Es begann zu regnen. »Alle Zeichen treten ein«, murmelte er zu sich selbst, um sich dann wieder an den jungen Mann zu wenden: »Wie schon gesagt, es gibt noch etwas, was du wissen mußt: Das größte Geheimnis, das ich dir hinterlassen habe, besitzt die Gültigkeit, daß du damit alle Ziele erreichen kannst, die du dir setzen wirst. Um ehrlich zu sein, ich habe nicht ein derart riesiges Vermögen aus dem Grunde angesammelt, weil Geld mich so ungemein interessiert hätte. Im Grunde genommen ist dies nur ein Weg gewesen, um Menschen, die nicht daran glauben wollten, die Kraft des Geistes zu zeigen.«

Wieder machte er eine kurze Pause, doch der junge Mann wagte nicht, ihm eine Frage zu stellen. Dann sprach er weiter: »Der größte Besitz des Menschen ist die Freiheit. Reichtum schenkt Freiheit. Es wird gut für dich sein, diese Freiheit zu erfahren. Mit ihr wirst du manch eine Illusion verschwinden sehen. Du wirst auch verstehen lernen, daß wahre Freiheit in Enthaftung zu finden ist, und diese innere Loslösung ist die höchste Form von Freiheit. Nur wer mit leeren Händen fortgeht, wird die unvergänglichen Rosen pflegen können. Diese Freiheit zu erlangen, ist das heimliche Ziel meiner ganzen Existenz gewesen. Ungeachtet dessen, was andere dachten – Leute, die lediglich nach dem äußeren Schein urteilen und die mich daher nur für einen wohlhabenden Geschäftsmann hielten –, bin ich nie etwas anderes als ein bescheidener Gärtner gewesen.«

Darauf fragte ihn der junge Mann: »Warum haben Sie mir das alles erzählt? Warum haben Sie mir dieses Geld gegeben? Sie sind *mir* doch nichts schuldig gewesen . . . In der Tat hätte es auch jemand ganz anders sein können, der zu Ihnen gekommen wäre . . .«

»Aber das ist es ja gerade! Es *ist* niemand anders gekommen. Dein Wunsch hat dich zu mir geführt. Genauso geschieht es in allen anderen Lebenssituationen. Und heißt es nicht auch, daß der Lehrer erscheint, wenn der Schüler einmal dazu bereit ist? Außerdem habe ich sehr viel empfangen. Da ist es normal für mich, daß ich gebe.«

»Vielleicht«, sagte der junge Mann, der sich damit nicht zufriedengeben wollte. »Aber warum gerade *ich* — und nicht jemand anders?«

Der *Instant*-Millionär lächelte. »Du bist hartnäckig. Das gefällt mir.« Dann verlor er zum erstenmal seine strenge und zurückhaltende Miene, und er sah den jungen Mann mit einem warmen, fast väterlichen Blick an. »Wenn du den wirklichen Grund erfahren willst, dann werde ich ihn dir sagen. Ich weiß nicht, ob du heute schon in der Lage dazu bist, ihn zu akzeptieren. Doch eines Tages wirst du es vielleicht sein ... Die Seele des Menschen ist ewig. Und jede Seele reist von einem Leben zum nächsten und ist dabei von Gefährten umgeben. Jeder Gefährte hilft dem anderen, seine Bestimmung zu erfüllen. Die Begegnungen, die wir während unseres Lebens haben, sind niemals bloßer Zufall, und es kommt ganz selten vor, daß wir jemanden zum allerersten Mal treffen. Auch wir kennen uns aus einem früheren Leben, und daher hat es seine Richtigkeit, wenn du in diesem Leben mein geistiger Sohn bist.«

Der junge Mann wußte zwar nicht, ob er das, was er hörte, wirklich begriff, aber er fühlte sich innerlich tief bewegt. Der Millionär trat nahe zu ihm heran. Niemals zuvor war er ihm so würdevoll erschienen. Trotz seines hohen Alters hielt er sich ganz gerade, sein strahlendes Gesicht wirkte unbeeinflußt von der Last seiner Jahre. Mit seinem rechten Zeigefinger berührte er leicht die Stirn des jungen Mannes und sagte dabei: »Entdecke, wer du wirklich bist. Die Wahrheit wird dich für immer befreien.«

Das waren seine letzten Worte. Draußen hatte sich das Gewitter so rasch gelegt, wie es gekommen war, und die Sonne schien wieder hell. Der Millionär nahm den Kerzenleuchter, dessen Licht nun nicht mehr gebraucht wurde, und ging schweigend damit fort. Der junge Mann fand sich allein gelassen. Sein Kopf schwirrte vor Gedanken, in den Händen hielt er das Geld, das der alte Mann ihm geschenkt hatte.

KAPITEL 15

Worin der junge Mann und der alte Mann zu verschiedenen Reisen aufbrechen

Der junge Mann blieb nicht lange allein. Plötzlich erschien der Butler wieder, er hielt einen Briefumschlag in der Hand. Er überreichte ihn dem jungen Mann mit den erklärenden Worten: »Mein Herr hat mich mit der Aufgabe betraut, Ihnen dies zu geben. Er hat darauf bestanden, daß Sie sich auf Ihr Zimmer zurückziehen und es dort lesen sollten. Sie können noch einen weiteren Tag hier verbringen, dann müssen Sie das Haus verlassen. So wünscht es mein Herr.«

Der junge Mann dankte ihm und zog sich, brennend vor Neugier, den Inhalt des Dokuments zu erfahren, gehorsam auf sein Zimmer zurück. Diesmal war er jedoch so vorsichtig, die Tür nur leicht angelehnt zu lassen aus Furcht, wieder eingesperrt zu werden.

Er setzte sich auf den Bettrand, riß hastig den Umschlag auf und zog einen Brief heraus. Er war in einer wunderschönen Handschrift mit schwarzer Tinte geschrieben, und ein zarter Rosenduft stieg von ihm auf.

»Dies sind meine letzten Wünsche«, lautete er. »Ich hinterlasse dir alle Bücher meiner Bibliothek. Sie werden dir von sehr großem Gewinn sein. Begehe nicht denselben Fehler wie die meisten Menschen im Umgang mit Büchern. Manche sind der Ansicht, daß der Inhalt eines Buches völlig wertlos sei. Sie glauben, selbst die Welt neu zu erfinden – doch da sie sich nicht das Wissen aus Büchern zunutze gemacht haben, wiederholen sie leider dieselben Fehler wie ihre Vorfahren. Auf diese Weise vergeuden sie eine Menge Zeit und eine Menge Geld.

Geh auch nicht in die andere Falle, indem du blind darauf

vertraust, was in Büchern steht, und deine Vorgänger für dich denken läßt. Die Autoren dieser Bücher, größtenteils wertvolle Menschen, sind lange Jahre gereist und haben viele Dinge gesehen. Ein Buch ist, in gewissem Grade, immer die Nacherzählung einer Reise. Doch die Reise, die du selbst unternehmen wirst, ist nicht identisch mit ihrer. Behalte nur das im Gedächtnis, was den Lauf der Zeit überdauert, und gebrauche für das übrige dein kostbarstes Gut: deinen Kopf. Es ist immer noch die beste Erfindung, selbst nachzudenken, so habe ich gehört. Leider verbringen die meisten Menschen ihr Leben damit, nach Möglichkeiten Ausschau zu halten, wo sie das Denken vermeiden können. So ist die menschliche Natur beschaffen: Sie neigt zu einem leichten Ausweg – mindestens dem Anschein nach. Natur und Instinkt besiegen die meisten Menschen. Achte darauf, daß dein Geist Sieger bleibt.

Seit unserer ersten Begegnung habe ich versucht, dir die Perlen der Weisheit weiterzugeben, die ich während meines langen Lebens sammeln konnte. In diesem Schriftstück wirst du einige Gedanken finden, die mein geistiges Vermächtnis darstellen. Ich möchte, daß du dich nach Kräften bemühst, sie so vielen Menschen wie möglich mitzuteilen. Auf diese Weise wird mein Leben seine Berechtigung finden. Erzähle den Menschen von unserer Begegnung und von dem Geheimnis, das du erfahren hast. Doch bevor du das tust, mußt du es selbst ausprobieren. Eine Methode, die nicht überprüft und erprobt worden ist, ist völlig wertlos. Innerhalb von sechs Jahren wirst du Millionär sein. Zu diesem Zeitpunkt wirst du frei sein und die notwendigen Schritte unternehmen können, um von unserer Begegnung zu berichten und mein Vermächtnis weiterzugeben.

Ich muß dich nun verlassen. Meine Rosen haben schon zu lange auf mich gewartet.«

Obwohl der junge Mann seine Tränen unterdrücken mußte, tastete er nochmals nach dem Umschlag und fand darin das Testament des *Instant*-Millionärs. Es befand sich in einem eigenen großen Umschlag, der mit einem roten Wachssiegel in Form einer Rose verschlossen war. Der junge Mann brach vorsichtig das Siegel auf und nahm das Dokument heraus, das mehrere Seiten lang war.

Dieses außergewöhnliche Testament war ebenfalls handschriftlich verfaßt in majestätischen Buchstaben, die wie von ihrer eigenen Lebenskraft erfüllt zu atmen schienen. Der junge Mann wurde eine ganze Stunde von dem letzten Willen des Millionärs in Anspruch genommen, doch dies erschien ihm nicht länger als wenige Minuten.

Als er seine Lektüre beendet hatte, wollte er natürlich dem Millionär dafür danken, daß er ihm ein derart kostbares Geschenk gemacht hatte. Rasch ging er in das Eßzimmer, niemand war dort. Er rief nach dem Butler – keine Antwort. Da die Sonne nach dem Gewitter wieder schien, dachte er, der Millionär müsse zu seinen Rosen zurückgekehrt sein. Er rannte in den Garten hinaus und suchte nach ihm. Plötzlich erblickte er ihn. Seltsamerweise lag der alte Mann mitten auf dem Weg, unter einem Rosenbusch. Neben ihm stand der Kerzenleuchter, nur noch die größte Kerze in der Mitte brannte. Zuerst dachte der junge Mann, der Millionär würde bloß ein Nickerchen an einem ungewöhnlichen Ort halten – denn schließlich war er ja ein recht wunderlicher Kauz. Doch je näher er kam, desto unruhiger wurde er, als würde er spüren, daß etwas Schwerwiegendes geschehen sei.

Als er schließlich die Stelle erreicht hatte, wo der Millionär lag, wurden seine Befürchtungen bestätigt. Der alte Mann hatte ein langes weißes Gewand angelegt. Seine Hände, die über der Brust gefaltet waren, hielten eine einzelne Rose. Sein Gesicht verriet keinen Schmerz, keine Spur von Leiden: Es wirkte vollkommen friedlich und heiter. Der junge Mann kniete nieder und legte sein Ohr an den Mund des alten Mannes, er hörte keinen Atem mehr. Er war tot, wie er es schon vermutet hatte, doch er sah darin fast übernatürlich glücklich aus.

‚Welch eine seltsame Weise zu sterben!' sagte der junge Mann zu sich selbst. Der Millionär mußte den genauen Zeitpunkt seines Todes gekannt haben. Wer weiß, vielleicht hatte er den Augenblick seines Abschieds durch ein geheimes, nur ihm bekanntes Mittel selbst bestimmt, oder er hatte sich einfach freiwillig zu sterben bereit erklärt . . . Der junge Mann würde es niemals erfahren. Der Millionär hatte sein Geheimnis mit sich genommen.

Dann spürte der junge Mann, daß auch für ihn die Zeit gekommen war, Abschied zu nehmen. Hier gab es nichts mehr zu tun. Doch bevor er ging, hatte er den Gedanken, daß er vielleicht die Rose des Millionärs zur Erinnerung mitnehmen könnte. Er beugte sich nieder, streckte die Hand aus und berührte die Rose – plötzlich aber zog er seine Hand wieder zurück und beschloß, sie nicht zu nehmen. Die Rose gehörte dem Millionär, sie war seine letzte Begleiterin. Als er aufstand, fiel sein Blick auf den Kerzenleuchter. Tränen traten ihm in die Augen. Er hatte den Millionär nicht lange gekannt, und doch hatte er eine tiefe Zuneigung zu ihm gefaßt, so als wäre er sein Vater. Feierlich versprach er, den Millionär niemals zu enttäuschen und seine Lehren nach besten Kräften weiterzugeben.

Nun war auch die letzte Kerze erloschen. Der junge Mann ging den gleichen Weg zurück, den er gekommen war, und hielt dabei den letzten Willen und das Testament des Millionärs fest gegen seine Brust gedrückt.

Am nächsten Tag wurde ihm die Bibliothek des Millionärs nach Hause geliefert. Sie war so unermeßlich groß, daß für seine übrigen Sachen kaum noch Platz blieb. In der Tat sah sich der junge Mann sofort vor einem Dilemma: Entweder mußte er umziehen oder einige Bücher wieder loswerden. Er entschloß sich zum Umzug. Und er tat es leichten Herzens. War dies nicht ein Zeichen, daß ein neues Leben vor ihm lag?

Epilog

Wie der Millionär es voraussagte, hatte der junge Mann seine erste Million schon vor Ablauf von sechs Jahren verdient. Er löste daher sein Versprechen ein und nahm sich einen Monat frei, um seine Begegnung mit dem *Instant*-Millionär und die Lebensweisheit aufzuschreiben, die dieser ihn gelehrt hatte.

Es gibt viele Formen von Reichtum . . .

Wer ja sagt, wenn er eigentlich nein sagen möchte -

wer sich zurückgesetzt fühlt, wenn er kritisiert wird und sich selbst scheut, berechtigte Kritik zu üben -

wer anderen gegenüber entweder zu leicht nachgibt oder zu rasch aggressiv wird -

wer seine Lebensziele neu und erfolgreicher bestimmen will und sich nicht traut -

weil es ihm an Durchsetzungsvermögen mangelt,

wird sich in den Figuren dieser Geschichte wiedererkennen und kann mit Hilfe der hier spielerisch dargebotenen praktischen Übungen und Rollenspiele ein selbstsicheres Auftreten erproben und lernen.

Trau dich...